Themenbände Ethik/Religion

Kritisch sein + selber denken

Ethische und religiöse Grundfragen kontrovers und schülerzentriert

Heidemarie Brosche
Katia Simon

Cornelsen

Die Autorinnen

Heidemarie Brosche ist Hauptschullehrerin und Autorin von Kinder-, Jugend- und Sachbüchern. Sie engagiert sich für die Leseförderung und ein Schulleben, das von Gelassenheit und gegenseitiger Wertschätzung getragen ist.

Katia Simon studierte Germanistik, Philosophie und Sozialwissenschaften. Sie arbeitet redaktionell für Verlage und ist Autorin von Kinder- und Sachbüchern sowie Ratgebern.

Projektleitung: Dorothee Weylandt, Berlin
Redaktion: Doreen Wilke, Berlin
Umschlagkonzept/-gestaltung: Ungermeyer, Berlin
Umschlagfoto: Shutterstock.com/Zodar
Layout/technische Umsetzung: fotosatz griesheim GmbH

www.cornelsen.de

1. Auflage, 2. Druck 2021

Druck: H. Heenemann, Berlin

ISBN Print 978-3-589-16772-2
ISBN Web-PDF 978-3-589-16791-3

PEFC zertifiziert
Dieses Produkt stammt aus nachhaltig bewirtschafteten Wäldern und kontrollierten Quellen.
www.pefc.de

Inhalt

Vorwort 5

Zum Einsatz der Materialien 6

1 **Eine Frage der Perspektive** 9

Hinweise für Lehrkräfte 9

Von wo aus man es betrachtet 9

Überraschende Meldungen 10

Eine andere Sicht auf die Welt 10

Weisheitsgeschichten 11

Kopiervorlagen 1–5 13

2 **Voreiliges Schlussfolgern – voreiliges Urteilen** 19

Hinweise für Lehrkräfte 19

Voreilig urteilen anhand eines Videoausschnitts 19

Voreilig urteilen anhand von Geschichten 20

Kopiervorlage 6 22

3 **Was ist richtig? Was ist falsch?** 23

Hinweise für Lehrkräfte 23

Normal und unnormal 23

IN und OUT 24

Das sind meine Werte 24

Kopiervorlagen 7–10 26

4 **Die goldene Regel und andere Entscheidungshilfen** 30

Hinweise für Lehrkräfte 30

Die goldene Regel 30

Mögliche Impulse für Fortgeschrittene: Der kategorische Imperativ und andere Alternativen .. 31

Kopiervorlage 11 33

5 **Fragen, die zum Nachdenken anregen – Wie würdest du dich verhalten?** 34

Hinweise für Lehrkräfte 34

Fragen zum Nachdenken 34

Kopiervorlage 12 36

6 Heikle Situationen – Wie würdest du dich verhalten? .. 38

Hinweise für Lehrkräfte 38
Heikle Situationen 38
Kopiervorlage 13 39

7 Dilemma-Geschichten – Wie würdest du dich verhalten? 40

Hinweise für Lehrkräfte 40
Dilemma-Geschichten 40
Kopiervorlage 14 42

8 Fake oder nicht Fake? – Fake News 43

Hinweise für Lehrkräfte 43
Fake News 43
Info-Material für Lehrkräfte – Wertvolles Wissen über Fake News und Co. 45
Kopiervorlagen 15–18 47

9 Herausfordernde Situationen 53

Tipps 56

Tipps zum Weiterlesen 56
Ein besonderer Tipp 56
Lesetipp für Jugendliche 56
Unterstützung durch externe Partner 56

Vorwort

In den vielen Jahren, in denen ich Ethik – sowohl in der Primar- als auch in der Sekundarstufe – unterrichtet habe, fand ich den Unterricht immer dann am effektivsten, wenn gute Gespräche und leidenschaftliche Diskussionen stattfanden. Die Schüler*innen hingen dann nicht schlapp in den Seilen, sondern äußerten ihre Gedanken zu Themen, die sie interessierten, oder hörten den anderen zu, die ihre Gedanken äußerten. Auf jeden Fall waren sie gedanklich höchst präsent.

Als ich dann eine AG „Selber denken“ für Achtklässler anbot, die – nebenbei bemerkt – zum Auslöser für den vorliegenden Band wurde, betrachtete ich dies als Herausforderung und war am Ende absolut begeistert. Auch die Schüler*innen beteuerten immer wieder, dass es sie zwar Überwindung kostete, sich nach dem Unterricht auch noch in die AG zu schleppen, aber dass sie die Stunden dann jedes Mal doch sehr cool fanden. Das Schönste für mich persönlich war es, wenn ich ein leises „So habe ich das noch nie gesehen!“ zu hören bekam.

Egal, ob im Ethikunterricht, in der AG „Selber denken“ oder im „normalen“ Unterricht – immer war es für mich ein Highlight, wenn ich auf etwas stieß, das die Schüler*innen in seinen Bann zog und zum Nachdenken brachte.

Heidemarie Brosche

Gehörtes, Gesehenes oder Gelesenes richtig einzuordnen, Argumente gegeneinander abzuwägen, sich eine eigene, fundierte Meinung zu bilden – die vielleicht auch mal von der der Freund*innen abweicht – das ist alles gar nicht so leicht! Das muss man lernen und üben. Insbesondere das, was auf den ersten Blick oft so eindeutig und einfach wirkt, ist es in Wirklichkeit dann doch nicht – wenn man genau hinschaut.

Mit diesem Heft möchten wir Impulse und Materialien anbieten, damit Schüler*innen anhand von alltags- und lebensweltnahen Themen genau das auf eine spielerische Art üben und sich so einen persönlichen Werkzeugkasten zusammenstellen können, den sie dann, wenn es wirklich darauf ankommt – mitten im Leben nämlich –, zum Einsatz bringen können.

In meiner Schulzeit hatte ich einen Religionslehrer, der seinen Unterricht häufig auf diese Weise aufzog. Ich erinnere mich noch deutlich an viele lebhafte Diskussionen, viel Freude und großes Engagement von Lehrer- wie von Schüler*innenseite. Je näher an unserem (Er-)Leben, desto eindrücklicher. Wir alle haben viel daraus mitgenommen. Später studierte ich Philosophie, wählte als Schwerpunkt Ethik und fand mich wieder voller Begeisterung und Engagement im kritischen Denken und begriff, wie wichtig und weitreichend es ist.

Dass wir nun eine Sammlung solcher Denkanstöße vorlegen, wird hoffentlich auch von vielen Kolleg*innen, denen das selbstständige Denken ihrer Schüler*innen am Herzen liegt, als hilfreiches Highlight empfunden.

Katia Simon

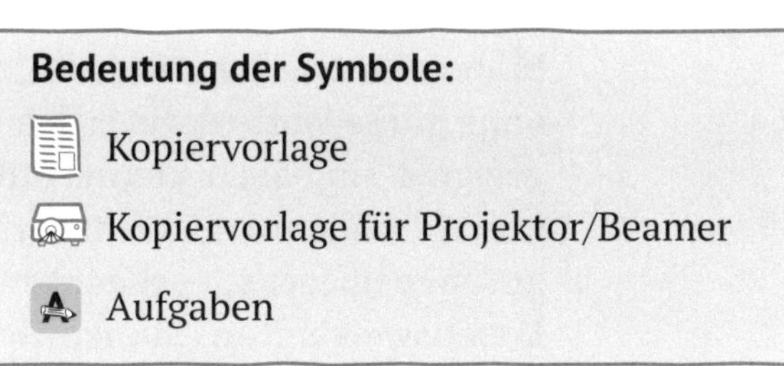

Zum Einsatz der Materialien

Vorab noch ein paar allgemeine Worte dazu, wie Lehrkräfte dieses Buch in ihrem Unterricht einsetzen können. Mit den Materialien und Denkanstößen möchten wir Anregungen bieten, die Schüler*innen dabei zu unterstützen,

- ▷ sich eine eigene Meinung fundiert zu bilden,
- ▷ ihre eigenen Positionen zu stärken,
- ▷ die Positionen anderer kritisch zu hinterfragen sowie
- ▷ den Mut aufzubringen, auch mal gegen den Strom zu schwimmen.

Flexibel bleiben

Bei Unterrichtseinheiten, die dem Vorhaben „Selber denken“ oder „Das Denken üben“ dienen, kann es keinen starren Verlauf geben. Das Ziel ist ja nicht, dass die Schüler*innen zu einem bestimmten Ergebnis kommen, sondern dass sie „zum Denken verführt“ werden. Wenn eine Lehrkraft mit unseren Materialien arbeitet, geht sie also immer auch das Wagnis eines offenen Ergebnisses ein, denn sie weiß nicht, welche Gedanken bei den Schüler*innen ausgelöst werden. Sie weiß nicht, wie die Gedanken der Schüler*innen sich gegenseitig beeinflussen. Und sie weiß schon gar nicht, ob die Denkvorgänge, die bei den Schüler*innen ausgelöst werden, in eine Richtung gehen, die ihr gefällt. Aber wenn sie mit all diesen Unsicherheiten leben kann, kann sie genau das genießen: dass es immer spannend bleibt. Und wenn ihr all dies bewusst ist, erwischen sie Schüler*innenäußerungen nicht kalt, sondern sie ist vorbereitet.

Keine kompletten Unterrichtsvorbereitungen

So gibt es hier also keine kompletten Unterrichtsvorbereitungen und auch eher wenige Arbeitsblätter, sondern Impulse mannigfacher Art, die allesamt eines beabsichtigen: dass die Schüler*innen aus ihrer Apathie gerissen, zum Denken verlockt, in ihrer Selbstzufriedenheit verunsichert, manchmal aufgerüttelt und immer wieder dazu verführt werden, dass sie sagen: „Ach, so kann man das auch sehen?!“ oder auch: „Auf so was falle ich nicht mehr rein!“

Differenzierungsmöglichkeiten

Je nach Lerngruppe kann die Lehrkraft die Unterrichtsanregungen in den einzelnen Kapiteln von Anfang bis Ende einsetzen oder sich mit den ersten Anregungen begnügen oder wiederum – falls die Lerngruppe mit diesen unterfordert wäre – gleich zu den anspruchsvolleren Themenstellungen übergehen, denn die Materialien sind in jedem Kapitel nach Schwierigkeitsgrad aufsteigend sortiert.

Medien – Denkanstöße sensibel aufspüren

Eine dringende Empfehlung: Stets aufmerksam verfolgen, was sich dazu eignet, zum Denkanstoß zu werden! Dies kann ein **Zeitungsartikel** über eine Schlägerei unter Jugendlichen mit schlimmen Folgen genauso sein wie eine **Untersuchung** zu den positiven Auswirkungen des Jugendknasts. Vieles, was uns selbst fesselt und zum Nachdenken bringt, erzielt diese Wirkung auch bei unseren Schüler*innen. **Karikaturen**, **Cartoons**, **Witzbilder** usw. aus dem **Internet**, aus **Zeitschriften** und **Büchern** bringen die Schüler*innen ohne große Worte dazu, sich zu konzentrieren und sich eigene Gedanken zu machen. Gut geeignet sind auch **kleine moralische Geschichten**, die die Schüler*innen durch ihre ganz besondere Art so sehr berühren, dass sie wie von selbst über Werte des menschlichen Zusammenlebens nachdenken und diskutieren. Manchmal gelingt dies auch durch **Lebensweisheiten**, **Sinnsprüche** oder **Zitate**. Bewusst und sensibel eingesetzte **Provo-**

kationen können Schüler*innen schon mal aus ihrer Lethargie reißen, z. B.: „Ich finde ja, Menschen ohne Religion können keine guten Menschen sein." Selbstverständlich müssen alle Provokationen vermieden werden, die Vorurteile gegenüber Minderheiten/Benachteiligten schüren. Und selbstverständlich muss rechtzeitig klargestellt werden, dass die Aussage eine bewusste Provokation war, um die Schüler*innen aus der Reserve zu locken.
Es lohnt sich, die Augen immer offen zu halten und sich eine Sammlung solcher Texte oder Abbildungen zuzulegen, die bei Bedarf zum Einsatz kommen können, wenn den Schüler*innen gerade kein Thema unter den Nägeln brennt – und wenn die Materialien in diesem Buch erschöpft sind.
Zum Einsatz können natürlich auch **Videoclips, Unterrichtsfilme** aus den Medienzentren, **Dokumentarfilme** und **Spielfilme** kommen.

Auch introvertierte Schüler*innen zu Wort kommen lassen

Was nie vergessen werden darf: dass es auch introvertierte Schüler*innen gibt. Genau sie kommen in einem Unterricht oft nicht zum Zug, der naturgegeben immer wieder auf dem Sprechen und dem Mut dazu beruht. Deshalb eine Empfehlung: Immer dann, wenn es darum geht, dass Schüler*innen ihre grundlegende Meinung zu etwas äußern, sollte es die Möglichkeit geben, auch ruhigen und schüchternen Schüler*innen eine Stimme zu geben, z. B. schriftlich auf kleinen Zettelchen. Sie können diese Zettelchen auch noch mit + oder – versehen, sodass diese Schüler*innen drei Möglichkeiten haben:

a) Sie machen sich schriftlich Gedanken, geben diese aber nicht ab.
b) – Sie machen sich schriftlich Gedanken, geben diese ab, damit sie nur (!) von der Lehrkraft gelesen werden.
c) + Sie machen sich schriftlich Gedanken, geben diese ab und sind einverstanden damit, dass ihre Notizen vorgelesen werden.

Selbstverständlich kann man nicht eine ganze Diskussion schriftlich führen, aber immerhin gibt es so Phasen, in denen wirklich alle beteiligt sind und sich wertgeschätzt fühlen können.

Zwei wichtige Grundsätze

Schüler*innenvorschläge sind wichtiger als Vorbereitetes!

Wenn Schüler*innen eigene Themenvorschläge haben, sind diese prinzipiell erst einmal dem vorzuziehen, was die Lehrkraft vorbereitet hat. Allerdings muss die Lehrkraft wachsam sein: Manchmal geht es Schüler*innen auch darum, ein Thema auf den Tisch zu bringen, das zu Lasten von Mitschüler*innen geht.

Ein Beispiel aus der Praxis

Ein Schüler meldete zu Beginn der Stunde zögernd, er sei der Meinung, ein Thema solle besprochen werden. Ein Mädchen aus der Klasse habe sich dazu bekannt, homosexuell zu sein und werde deshalb nun von manchen aus der Schule abfällig behandelt. Da ich den Fall kannte, wusste ich, dass das betroffene Mädchen mit im Klassenzimmer saß. Ich warf ihr unauffällig einen fragenden Blick zu und sie nickte stumm, um mir ihr Okay zu signalisieren. Hätte sie abwehrend reagiert, hätte ich das Thema in dieser Form nicht zugelassen. Tatsächlich entwickelte sich eine gute Diskussion, bei der auch das Mädchen selbst sich zu Wort meldete. Am Ende hatte ich das Gefühl, die Gedanken, die wir uns gemacht hatten, hatten ihr gutgetan und der ganzen Gruppe neue Perspektiven aufgezeigt.

Aktuelles ist besser als „Altes!“

Hier können Lehrkräfte selbst wachsam sein: Welche Themen, die gerade in der Presse, in den Medien aktuell und für die Schüler*innen relevant sind, könnten das Denken anregen?

Ein Beispiel aus der Praxis

Durch die Presse war ein Fall gegangen, bei dem im Rahmen einer Schlägerei unter Jugendlichen einer der Beteiligten zu Tode gekommen war. Einen aktuellen Zeitungsartikel hatte ich dabei und las ihn in (vorher ausgewählten) Ausschnitten vor. Die Schüler*innen wühlte der Artikel sehr auf, war er doch nah an ihrem persönlichen Erfahrungshintergrund. Einige gaben an, schon an heftigen Schlägereien beteiligt oder zumindest als Zuschauer*in anwesend gewesen zu sein. Mithilfe kleiner Impulse gelang es gut, dass die Schüler*innen sich sowohl in die Lage des Opfers als auch der Täter als auch der Mutter des Opfers (die dazugekommen war, als der Notarzt versuchte, ihren Sohn zu reanimieren), versetzten und entsprechend ins Nachdenken kamen.

Schülernahe Themen

In der Sekundarstufe gibt es eine Reihe von Themen, die von Haus aus immer wieder hochkochen. Wenn es gerade zu einem dieser Themen etwas in der Presse gibt, kann dies als Anlass zum Selberdenken genommen werden.

Eine Frage der Perspektive

Hinweise für Lehrkräfte

Auf die allermeisten Dinge kann man aus verschiedenen Richtungen schauen und so unterschiedliche Perspektiven einnehmen. Scheint ein Sachverhalt aus der einen Sicht sonnenklar und eindeutig, stellt sich derselbe Fall von einer anderen Seite betrachtet vielleicht vollkommen anders dar. Und von einer dritten wieder anders usw. Man kann sich merken: Wenn etwas auf den ersten Blick sehr einfach und eindeutig zu sein scheint, ist es genau DAS zumeist nicht!

In diesem Kapitel finden sich Beispiele, mit denen die Lehrkraft den Schüler*innen diese Tatsache eindrücklich vor Augen führen kann. Gestaffelt von einer einfachen visuellen Zeichendarstellung über komplexere Landkarten-Ansichten, die die Sehgewohnheiten irritieren, bis hin zu Weisheitsgeschichten, die Bezüge zum eigenen Leben zulassen, steigern sich die Herausforderungen an die Transferleistungen.

Von wo aus man es betrachtet

Von wo aus man es betrachtet

KV 1, S. 13

Den Schüler*innen wird ohne Kommentar nacheinander ein und dasselbe Zeichen vorgelegt – jeweils um 90 Grad gedreht aus einer anderen Sicht, von oben, von unten und von zwei Seiten. Sie reagieren darauf und kommen ohne viele Worte zu der Erkenntnis, dass die Sichtweise bestimmen kann, wie man ein und dieselbe Sache sieht. Zum ersten Mal steht hier die Schlussfolgerung: Es ist alles eine Frage der Perspektive.

Aufgabe 1 **Bildbeschreibung**

Mögliche Lösungen:

- ▷ Schüler*in zu a): ein M (vielleicht auch: das M einer bekannten Fastfood-Kette)
- ▷ Schüler*in zu b): ein großes E
- ▷ Schüler*in zu c): ein W
- ▷ Schüler*in zu d): eine 3

Aufgabe 2 **Die wahre Ansicht**

Erkenntnis: Es gibt hier nicht DIE Wahrheit. Jede Perspektive hat eine eigene wahre Aussage.

Überraschende Meldungen

Überschriften aus Tageszeitungen

KV 2, S. 14

Den Schüler*innen werden fiktive Zeitungsüberschriften vorgelegt, die den Klimawandel zum Thema haben. Die Inhalte der Überschriften werden die Schüler*innen vermutlich in Erstaunen versetzen und nicht glauben lassen, dass diese tatsächlich in einer Tageszeitung stehen. Sie haben natürlich recht: Während diese Meldungen jetzt vielleicht seltsam klingen, könnten sie in einigen Jahrzehnten jedoch die alltägliche Wirklichkeit abbilden.

Aufgabe 1 **Themenbeschreibung**

- Ein Mann muss ins Gefängnis, weil er einen Baum mit Trinkwasser gegossen hat.
- Ein großer Teil der Antarktis hat keine Eisschicht mehr.
- Die Menschen freuen sich darüber, dass es im August nur 27 °C sind.
- Es gibt keine mit Diesel betriebenen Fahrzeuge mehr.
- Aus Bangladesch flüchten 10.000 Menschen vor den Klimaveränderungen in ihrer Heimat in die EU.

Aufgabe 2 **Aktualität der Zeitungsüberschriften**

Die Artikel zu den Überschriften würden so im Moment nicht in deutschen Tageszeitungen stehen. Sie klingen für uns deshalb ziemlich absurd und seltsam. Diese Wahrnehmung kann sich aber mit der Änderung der äußeren Umstände schnell wandeln.
Beispiele aus der jüngeren Vergangenheit:

- Der Winter 2010/2011 brachte unerwartet große Schneemassen nach Deutschland, die das Alltagsleben einschränkten. Wenige Jahre später fiel in vielen Regionen Deutschlands im Winter nicht eine Schneeflocke. In den Tageszeitungen spiegelte sich das auch wider.
- Im Frühjahr 2020 prägte die Corona-Krise die Zeitungsüberschriften mit Kontaktverboten und Einschränkungen des allgemeinen Lebens. Meldungen über Fußballspieler, die Mannschaftskameraden mit Handschlag begrüßten, lösten Entsetzen aus.

Aufgabe 3 **Blick in die Zukunft**

Wenn der Klimawandel weiter ungebremst voranschreitet, könnten solche Überschriften in Tageszeitungen in mehreren Jahrzehnten zum normalen Alltag werden, weil die Temperaturen weiter steigen und Klimaveränderungen Menschen aus vielen Ländern zur Flucht zwingen. Diese Überschriften wären dann ein Abbild der Realität.

Eine andere Sicht auf die Welt

Eine andere Sicht auf die Welt 1

KV 3, S. 15

Auf der Abbildung sehen die Schüler*innen eine ihnen unbekannte Ansicht einer Weltkarte. Das wird ihnen vermutlich auf den zweiten Blick klar. Die Karte ist vertikal gespiegelt und die Welt steht kopf. Diese ungewohnte Perspektive auf die Karte, die (fast) alle gut kennen, lässt einen neuen, frischen Blick zu.

Aufgabe 1 **Die Zuordnung ist schwer**

Vermutlich sind die Schüler*innen zunächst verwirrt und dann verblüfft, wie hier das gewohnte Weltbild buchstäblich auf den Kopf gestellt wurde. Können sie Europa, Deutschland und andere Länge sicher zuordnen? Warum ist es so schwer?

Aufgabe 2 **Eindrücke reflektieren**

Die Schüler*innen äußern ihre individuellen Gefühle zur Kartenansicht.

Eine andere Sicht auf die Welt 2

KV 4, S. 16

Auf dieser Abbildung sind die Umrisse verschiedener Länder der Welt in ihrem realistischen Größenverhältnis zueinander zu sehen. Sie sind der Größe nach geordnet, beginnend mit dem flächenmäßig größten Land und endend mit dem kleinsten.

Aufgabe 1 **Größenverhältnisse der Länder**

Die Schüler*innen betrachten die Länder sowie deren Größenverhältnisse und äußern ihre Gedanken dazu. Welche Länder haben sie sich größer vorgestellt? Welche vielleicht kleiner? Was überrascht besonders?

Weltkarten zeigen ein verzerrtes Bild
Das Beispiel mit den tatsächlichen Größen der Länder ist nicht nur wegen der Nebeneinander-Darstellung spannend, sondern auch weil die Weltkarten, die wir kennen, ein verzerrtes Größenverhältnis der Länder zeigen: Dadurch, dass die dreidimensionale Weltkugel von Gerhard Mercator auf eine zweidimensionale Abbildung mit Europa im Zentrum gebracht wurde (Mercator-Projektion, 1569), wurde das Größenverhältnis der Länder zueinander nicht unerheblich verzerrt.

Weisheitsgeschichten

Die beiden Weisheitsgeschichten befassen sich mit unterschiedlichen Themen, haben jedoch im Kern dieselbe Aussage: Etwas, das auf den ersten Blick wie eine schlechte Sache aussieht, über die man sich ärgert, stellt sich im Nachhinein als großes Glück heraus, das sogar vor Negativem schützt.

Impulse für den Einsatz im Unterricht
Je nach Klassenstufe und Leistungsfähigkeit können die Schüler*innen in Einzel-, Partner- oder Gruppenarbeit die Geschichten lesen und die Aufgaben bearbeiten. Denkbar ist,

- ▷ eine Geschichte zur Bearbeitung für alle auszuwählen,
- ▷ jede*n Schüler*in beide Geschichten lesen zu lassen oder
- ▷ die Klasse in zwei Gruppen zu teilen und jeder je eine Geschichte zuzuordnen.

KV 5.1, S. 17

Das Schiffsunglück

Aufgabe 1 **Was war gut und was war schlecht?**

Die Lehrkraft erzählt die Geschichte abschnittsweise oder legt sie den Schüler*innen vor. Wenn die Lehrkraft vorliest, stoppt sie jeweils an der Stelle mit dem Smiley und lässt die Schüler*innen entscheiden und notieren bzw. sagen: War dies gut oder war dies nicht gut?

Aufgabe 2 **Glück auf den zweiten Blick**

Die Weisheit, die sich aus der Geschichte ableiten lässt, lautet, dass etwas, das auf den ersten Blick wie eine schlechte Sache aussieht, über die man sich ärgert, sich später als großes Glück herausstellen kann, das sogar vor Negativem schützt.

KV 5.2, S. 18

Die blöde Handy-Hülle

Aufgabe 1 **Die wichtigsten Aussagen**

Die Schüler*innen lesen die Geschichte und unterstreichen die wichtigsten Aussagen.

Aufgabe 2 **Das Gute im Schlechten**

Die Weisheit, die sich aus der Geschichte ableiten lässt, lautet, dass etwas, das auf den ersten Blick wie eine schlechte Sache aussieht, über die man sich ärgert, sich später als großes Glück herausstellen kann, das sogar vor Negativem schützt.

Von wo aus man es betrachtet

1. Beschreibe die Abbildung.

a) Was siehst du hier?

b) Drehe das Bild um 90 Grad nach links. Was siehst du nun?

c) Drehe die Abbildung wiederum um 90 Grad nach links. Was siehst du jetzt?

d) Drehe die Abbildung noch einmal um 90 Grad nach links. Was ist zu sehen?

2. Was ist hier wirklich zu sehen?

Überschriften aus Tageszeitungen

MANN WEGEN BEWÄSSERUNG EINES BAUMES ZU HAFTSTRAFE VERURTEILT

Westantarktisches Eisschild endgültig geschmolzen

Ausnahmetemperaturen im August: Großstädte atmen bei 27 Grad auf

Das letzte Diesel-Auto verschrottet

EU nimmt 10.000 Klimaflüchtlinge aus Bangladesch auf

1. Lies diese Überschriften von Zeitungsartikeln. Um welche Themen geht es wohl in den entsprechenden Artikeln?
2. Könnten die Artikel zu diesen Überschriften aktuell, also jetzt gerade, in den Tageszeitungen stehen?
3. Kannst du dir eine Situation vorstellen, in der solche Überschriften in den Tageszeitungen alltäglich sind?

Eine andere Sicht auf die Welt 1

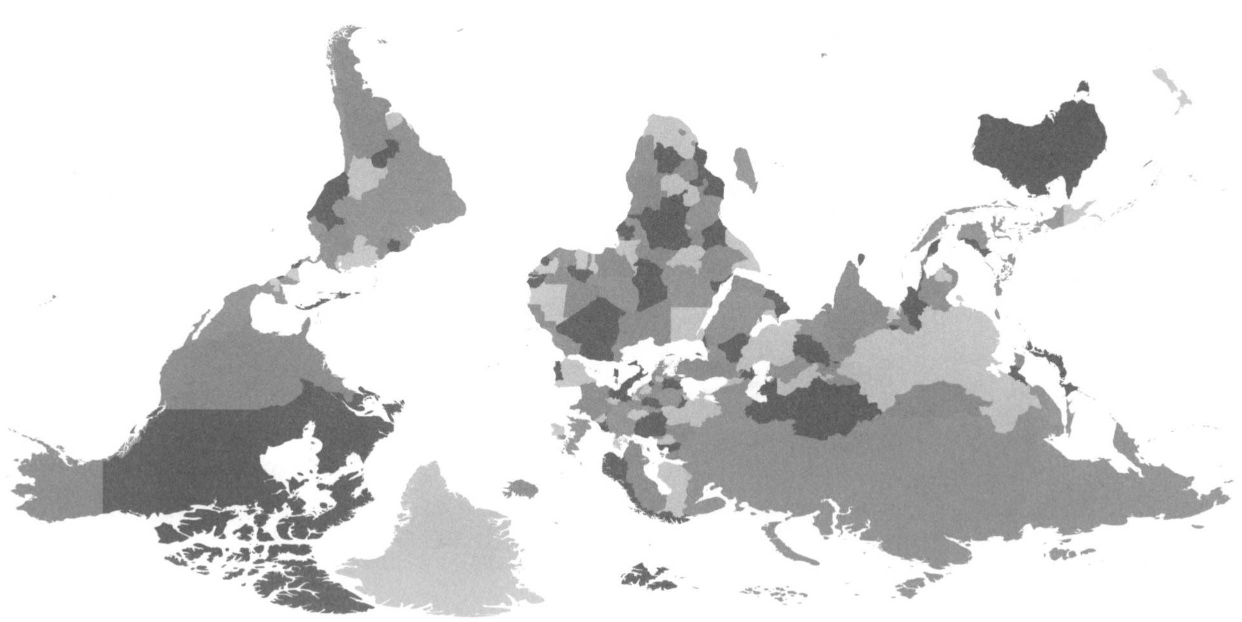

1. Suche die größten Länder, suche sehr kleine Länder, suche Europa, suche Deutschland, suche dein Heimatland.

2. Wenn du ehrlich bist – was hat dich am meisten verblüfft?

Abbildung: Shutterstock.com/Pyty

Eine andere Sicht auf die Welt 2

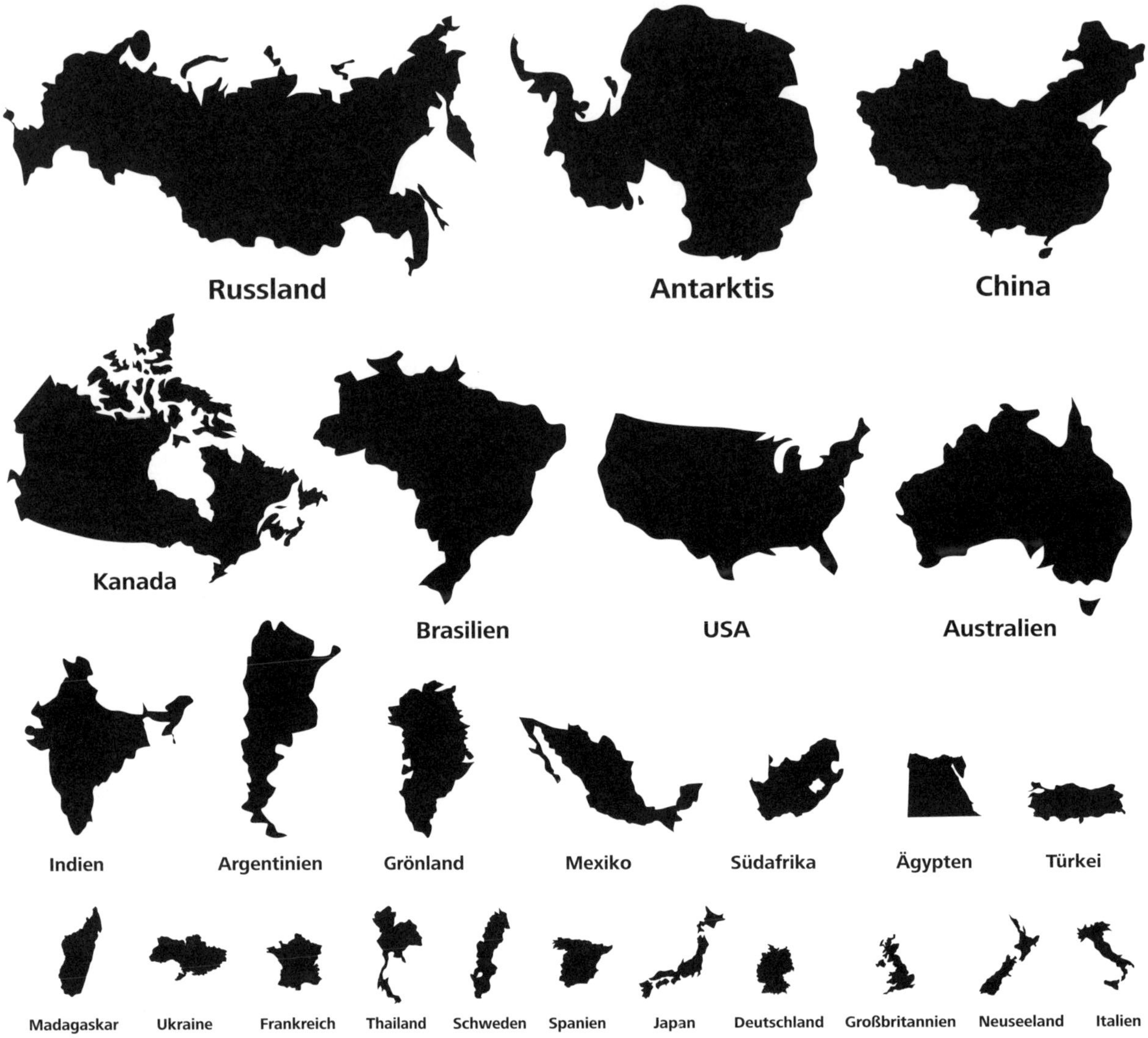

Russland Antarktis China

Kanada Brasilien USA Australien

Indien Argentinien Grönland Mexiko Südafrika Ägypten Türkei

Madagaskar Ukraine Frankreich Thailand Schweden Spanien Japan Deutschland Großbritannien Neuseeland Italien

1. Schau dir diese Länder und ihre Größe an. Was fällt dir auf?

Weisheitsgeschichten 1

Das Schiffsunglück

Ein junger Mann gewann bei einem Preisausschreiben eine Weltreise auf einem Luxusschiff. ☺ ☹

Das große Luxusschiff sank und ging unter. ☺ ☹

Der junge Mann überlebte als Einziger und wurde an den Strand einer einsamen Insel gespült. ☺ ☹

In der ersten Zeit schaute er den ganzen Tag über aufs Meer. Konnte er da nicht irgendwo ein Schiff entdecken? Aber nichts geschah. ☺ ☹

Als nach vielen Tagen keine Rettung in Sicht war, baute sich der junge Mann einen Holzunterschlupf. ☺ ☹

Da der junge Mann dringend Lebensmittel brauchte, machte er sich auf den Weg, die Insel zu erkunden. Tatsächlich gelang es ihm, einen Vogel zu fangen. ☺ ☹

Der junge Mann wollte den Vogel braten. Aber er hatte kein Feuer. ☺ ☹

Nach vielen Mühen gelang es ihm, mithilfe zweier Steine Feuer zu machen. ☺ ☹

Als er den Vogel braten wollte, flogen Funken zum Holzunterschlupf und setzten ihn in Brand. Im Nu brannte er ab. Der junge Mann war erschüttert. ☺ ☹

Verzweifelt schlief er schließlich ein und wurde am nächsten Morgen von einem Geräusch geweckt. Ein Schiff näherte sich. Die Besatzung hatte den Rauch gesehen und deshalb Kurs auf die Insel genommen. ☺ ☹

1. Lies die Geschichte und male jeweils den passenden Smiley farbig aus:
   ☺ – Das war gut. ☹ – Das war nicht gut.
2. Welche Weisheit bzw. welche Lehre kann man aus der Geschichte mitnehmen?

Weisheitsgeschichten 2

Die blöde Handy-Hülle

Ronja hatte ein neues Handy bekommen und war nun auf der Suche nach einer passenden Hülle. Sie suchte im Internet und fand eine Schutzhülle mit einem coolen Muster und in genau dem Pink, das sie so liebte. Ohne zu zögern, bestellte sie.

Als die Hülle geliefert wurde, stülpte Ronja sie über das Handy-Gehäuse und freute sich sehr. Genau SO hatte sie sich das vorgestellt. Am Abend, als sie das Handy aufladen wollte, bekam sie den kleinen Stecker nicht auf Anhieb rein. Eine blöde Lasche war im Weg. Ronja ärgerte sich: Wieso hatte sie nicht besser aufgepasst? Wenn sie gewusst hätte, was für ein Gefummel das bei jedem Aufladen sein würde, hätte sie sich eine andere Hülle bestellt.

Eines Tages – sie war in Eile, weil sie mit Freunden verabredet war – steckte sie sich das Handy in die Jeanstasche und stellte fest, dass sie noch mal auf Klo musste. Schwupps! – lag das Ding im Klo, noch ehe sie Pipi gemacht hatte. Angewidert fischte Ronja es aus der Schüssel. Ihr Herz klopfte bis zum Hals: Erst neulich war ihrer Freundin das Handy in den Badesee gefallen, die Nässe war eingedrungen und das Ding hatte nicht mehr funktioniert. Wenn ihr selbst das neue Handy jetzt kaputt gehen würde, wäre sie erledigt. Ein neues würde sie so schnell bestimmt nicht bekommen.

Sie trocknete das kostbare Teil vorsichtig ab und stellte fest: Es funktionierte tadellos. Auch nach zwei Stunden und auch nach zwei Tagen noch. Ganz offensichtlich war die Nässe nicht in ihr Gerät eingedrungen. Als sie nun wieder einmal den Stecker ins Gerät fummelte, fiel es ihr plötzlich wie Schuppen von den Augen: Die Lasche, über die sie sich so oft geärgert hatte, hatte das Gerät an der entscheidenden Stelle geschützt und verschlossen.

1. Lies die Geschichte und unterstreiche die wichtigsten Aussagen.
2. Welche Weisheit bzw. welche Lehre kann man aus der Geschichte mitnehmen?

Voreiliges Schlussfolgern – voreiliges Urteilen

Hinweise für Lehrkräfte

Davon kann sich wohl kaum jemand freisprechen: aufgrund eines kleinen Ausschnittes oder eines Momentes manchmal ein vorschnelles Urteil zu fällen und einer Situation einen Stempel aufzudrücken, der – wie sich im Nachhinein herausstellt – gar nicht angemessen ist. Für die betreffenden Personen kann eine voreilige Schlussfolgerung, ein vorschnelles Urteil einen großen Nachteil bedeuten. Die Schüler*innen haben vermutlich (fast) alle eine solche Erfahrung schon selbst gemacht, beispielsweise im Freundeskreis oder in der Familie. Auch Lehrkräften passiert es, dass sie vorschnell über Schüler*innen oder Kolleg*innen urteilen und später ihre Meinung revidieren. In diesem Kapitel geht es deshalb darum, dass wir oft zu wenig wissen, um uns wirklich ein Urteil erlauben zu können. Beispielhafte Situationen lassen sich anhand kleiner Filmchen ganz besonders gut zeigen. Es gibt aber auch Texte, die spüren lassen, dass vorschnelles Urteilen Gefahren birgt.

Voreilig urteilen anhand eines Videoausschnitts

Filme sind eine gute – vielleicht die einfachste – Möglichkeit, um einen ersten Zugang zu dem Thema zu bekommen. Szenen aus kurzen Videoclips, Werbefilmchen oder sogar aus Spielfilmen sind dazu geeignet, die Schüler*innen den Mechanismus des voreiligen Schlussfolgerns bzw. voreiligen Urteilens selbst erfahren zu lassen.

Im Internet wird ein Film(-ausschnitt) recherchiert (z. B. „Urteile niemals zu schnell“ auf YouTube), in dem ein Standbild oder eine Sequenz gezeigt wird, die, ohne den Kontext zu kennen, eine kriminelle, illegale, verwerfliche, nicht angemessene o. ä. Handlung zu zeigen scheint. Beispielsweise einen Moment, in dem eine Frau im Flugzeug über ihren Sitznachbarn klettert, um zur Toilette zu gelangen. Das Standbild suggeriert eine sexuelle Handlung in aller Öffentlichkeit – die aber tatsächlich gar nicht stattfindet.

Tipp: Film-Recherche
Entsprechende Videos kann man so suchen:
- ▷ im Medienzentrum der Stadt oder Gemeinde recherchieren
- ▷ in Suchmaschinen „vorschnelles/voreiliges Urteilen“, „Vorurteile“ o. Ä. eingeben und dabei die Suche auf „Videos“ eingrenzen
- ▷ auf einer Videoplattform wie YouTube oder Vimeo diese Begriffe eingeben

Aufgabe 1 **Der Video-Ausschnitt**

Gemeinsam wird ein solcher Videoclip bzw. ein Ausschnitt betrachtet – allerdings erst ab der Stelle, an der der falsche Eindruck entsteht. Die Schüler*innen äußern nun ihre Vermutungen über das, was sie dort sehen.

Aufgabe 2 **Der komplette Videoclip**

Dann wird der Film von Anfang an bzw. in verdeutlichenden Ausschnitten gesehen. So erleben alle gemeinsam einen Ach-so-Effekt und tauschen sich im Anschluss darüber aus.

Aufgabe 3 **Gefühle und Eindrücke reflektieren**

Wie ging es den Schüler*innen als Betrachter*innen des Standbildes bzw. der kurzen Sequenz? Und wie, nachdem sie die ganze Szene gesehen haben?

Aufgabe 4 **Eigene Erfahrungen teilen**

Erinnern sich die Schüler*innen an Videos oder Filmszenen, die sie gesehen haben, in denen ein ähnlicher Eindruck entstand?

Voreilig urteilen anhand von Geschichten

KV 6, S. 22

Auch Geschichten können eine gute Basis sein, um voreiliges bzw. vorschnelles Urteilen selbst zu erleben. Hier bekommen die Schüler*innen nicht nur einen Ausschnitt, sondern gleich die ganze Geschichte vorgelegt, die aus der Perspektive einer vorschnell urteilenden Person erzählt wird. Sie begleiten also die voreilig schlussfolgernde Person vom ersten Eindruck bis hin zur Erkenntnis, dass dieser falsch gewesen war. Solche Geschichten kann die Lehrkraft, inspiriert von aktuellen Ereignissen im Schulkontext oder in den Medien, auch leicht selbst formulieren.

„Der Schwimmreifen“ und „Das unsympathische Mädchen“

Die beiden Geschichten finden in vollkommen unterschiedlichen Kontexten statt, das Ergebnis – die Erkenntnis, dass der erste, schlechte Eindruck falsch war – ist jedoch dasselbe. Je nach Lerngruppe können …

- ▷ alle gemeinsam beide Geschichten lesen und die Aufgaben 1 und 2 zusammen lösen,
- ▷ zwei Gruppen je eine Geschichte lesen, sich gegenseitig über die gelesenen Geschichten berichten und die Aufgaben 1 und 2 gemeinsam lösen,
- ▷ die Schüler*innen in Kleingruppen, Partner- oder Einzelarbeit eine oder beide Geschichten lesen und die Aufgaben 1 und 2 lösen.

Aufgabe 1 **Über die Geschichten sprechen**

Die Schüler*innen äußern sich frei zu den Geschichten.

Aufgabe 2 **Eigene Erfahrungen teilen**

Die Schüler*innen werden gefragt, ob sie so etwas auch schon einmal erlebt haben – vorschnelles Fällen eines Urteils. Bewusst versucht die Lehrkraft, den Finger in die Wunde zu legen: Was war verantwortlich für das vorschnelle Urteil? Was kann jede*r Einzelne in Zukunft tun, um vorschnelles Urteilen und auch Verurteilen zu vermeiden?

Aufgabe 3 **Selbst aktiv werden**

Nach der Erarbeitung des Themas können die Schüler*innen je nach Klassenstufe und Leistungsfähigkeit eigene Beispiele für vorschnelles Urteilen konstruieren. Sie können sich in Einzel-, Partner- oder Gruppenarbeit selbst solche Situationen ausdenken und diese …

- als Geschichte aufschreiben,
- als Comic zeichnen und schreiben,
- als Theaterstück umsetzen oder
- als Video in Szene setzen.

Die Ergebnisse des kreativen Umsetzens könnten Mitschüler*innen, anderen Klassen oder der ganzen Schule, z. B. bei Veranstaltungen, vorgeführt oder auf der Website der Schule bzw. in der (Online-)Schülerzeitung präsentiert werden. Dabei müssen natürlich das Recht am eigenen Bild beachtet und entsprechende Genehmigungen eingeholt werden.

Voreilig urteilen anhand von Geschichten

Der Schwimmreifen

Hanans beste Freundin Marie feierte ihren Geburtstag mit ein paar Mädchen im Spaßbad. Auch Maries Nachbarin Mia-Summer war dabei. Für Hanan war schnell klar: Die war ziemlich komisch. Sie trug einen altmodischen Badeanzug und sprach nicht mit den anderen Mädchen – nur mit Marie. Hanan fand das blöd. „Warum kommt die dann überhaupt mit?", dachte sie, als sie die Leiter zur Reifenrutsche hochkletterte.

Ausgerechnet Mia-Summer war es, die Hanan kurz darauf den letzten Reifen vor der Nase wegschnappte. Wie gemein! Hanan holte Luft, um dem Mädchen mal richtig die Meinung zu geigen und ihr direkt den Reifen abzunehmen. Aber als sie sich umdrehte, schob Mia-Summer Hanan den Reifen zu und lächelte schüchtern. „Hier, ich hab ihn dir geholt. Ich trau mich ja nicht selber." Hanan wusste nicht, was sie sagen sollte. Jedenfalls nicht das, was sie sich vorgenommen hatte. Als sie die Rutsche runtersauste, dachte Hanan, wie gut es war, dass sie nichts gesagt hatte. Vielleicht war diese Mia-Summer ja doch ganz nett. Ob sie ihr Mut machen sollte, es mal mit der Rutsche zu probieren?

Das unsympathische Mädchen

Ein Junge sah an seiner Schule öfter mal ein Mädchen, das ihm unsympathisch war. Er hielt es für schrecklich eingebildet. Er beschloss, das Mädchen zu ärgern, und erstellte sich ein falsches Social-Media-Profil. Unter falschem Namen und mit falschem Foto nahm er über die Plattform Kontakt zu dem Mädchen auf.

Sein Ziel war es, dass es sich in einen Jungen verliebte, den es gar nicht gab. Er wollte das Mädchen schließlich zu einem Date einladen, bei dem es vergeblich warten würde, worüber er sich lustig machen wollte. Zu diesem Zweck chattete er jeden Tag mit dem Mädchen. Von Tag zu Tag spürte er jedoch mehr, wie nett es war. Am Ende ging er selbst zu dem Date und die beiden verliebten sich.

1. Lies die Geschichten und unterstreiche die wichtigsten Sätze. Was fällt dir auf?
2. Hast du so etwas auch schon einmal selbst erlebt? Hast du ein vorschnelles Urteil über jemand anderen gefällt oder hat – andersherum – jemand ein vorschnelles Urteil über dich gefällt?

   Was war verantwortlich für das vorschnelle Urteil?

   Was kannst du in Zukunft tun, um vorschnelles Urteilen, auch Verurteilen, zu vermeiden?

Was ist richtig? Was ist falsch?

Hinweise für Lehrkräfte

Bewertungen kennzeichnen viele Teile unseres Lebens und unseres Alltags. Auch im Schulunterricht spielen die Kategorien „Richtig“ und „Falsch“ häufig eine große Rolle und alle werden daran gemessen. Das wissen Lehrkräfte und Schüler*innen. Ganz wichtig ist es aber zu verinnerlichen, dass es bei vielen Aspekten im Leben einfach kein Richtig oder Falsch gibt, und auch kein „Normal“, sondern ein buntes, breites Spektrum an Vielfältigkeit. Und so sind auch die Materialien in diesem Kapitel: Nach einer Selbsteinschätzungstabelle zum Thema „So normal bin ich“ folgt eine Ankreuzübung „Was ist normal?“. Anschließend beschäftigen sich die Schüler*innen mit der Frage, was IN und was OUT ist und wie es überhaupt zu solchen Zuschreibungen kommt, bevor sie sich einen Überblick über ihre eigenen Werte verschaffen.

Normal und unnormal

KV 7, S. 26

Normal, so mittel oder unnormal?

Das ist nicht normal, das ist blöd!
Menschen, gerade auch Jugendliche, sind oft schnell bei der Hand mit Bewertungen à la „Der ist so blöd!“ oder „Die ist nicht normal!“, nur weil ihnen auf den ersten Blick etwas fremd erscheint. Da stellt sich die Frage: Was ist denn eigentlich normal? Gibt es überhaupt ein allgemeingültiges Normal? Um sich dieser Frage anzunähern, füllen die Schüler*innen nur für sich selbst die Selbsteinschätzungstabelle aus, in der sie notieren, was in ihrem persönlichen Leben so alles „normal“ ist. Dabei sollten die Schüler*innen für sich allein arbeiten, ohne Austausch mit Mitschüler*innen, und auch von der Lehrkraft sollten vorerst keine Informationen und Impulse zum Thema gegeben werden, um ein möglichst ungeschöntes Bild zu bekommen.

Aufgabe 1 **Für so normal halte ich mich**

Die Schüler*innen kreuzen in der Tabelle an und reflektieren darüber, wie normal sie sich selbst und ihr Leben eingeschätzt haben und woher sie wissen, dass sie normal bzw. eben nicht normal sind. Hier geht es NICHT darum, Bewertungen abzugleichen und sich zu vergleichen, sondern darum, über die Bewertungskriterien und deren Entstehung zu sprechen.

Aufgabe 2 **Für so normal halten mich andere**

Die Schüler*innen reflektieren die Einschätzung ihrer Person in Bezug darauf, wie normal sie aus der Perspektive ihrer Eltern und Freund*innen sind. Auch hier geht es NICHT um Bewertungen, sondern um die individuellen Bewertungskriterien und die Frage, warum diese so sind, wie sie sind.

Aufgabe 3 **Was ist eigentlich normal?**

Die Schüler*innen reflektieren die Entscheidungsgrundlage dafür, was als normal gilt.

IN und OUT

KV 8, S. 27

Früher IN – heute OUT

Wie ist das überhaupt mit IN und OUT? Wer bestimmt, was gerade modern ist? Muss man da mitmachen? Das sind Fragen, die sich Jugendliche oft nicht stellen. Der Druck und auch der Reiz dazuzugehören, sind meist deutlich stärker. Gefällt den Schüler*innen z. B. die Kleidung, die gerade angesagt ist, wirklich? Wer sind die Vorbilder, von denen sie die Information übernehmen, ob etwas gerade IN ist?

Aufgabe 1 **Das war IN und ist heute OUT**

Die Schüler*innen tragen ihre Erfahrungen zusammen und erinnern sich an Dinge, die mal modern waren und jetzt vollkommen OUT sind. Sie überlegen auch, ob ihnen schon mal Beispiele in Filmen aufgefallen sind, etwa dass in einem älteren Film Kleidung, Handys oder Haarschnitte gezeigt werden, die heute niemand so tragen würde.

Aufgabe 2 **So wird etwas IN**

Die Schüler*innen reflektieren darüber, wie Moden entstehen und wie es dazu kommt, dass bestimmte Dinge plötzlich IN sind, z. B. der Einfluss von Influencern auf Social Media, Film- oder Musik-Stars.

Aufgabe 3 **So funktioniert das mit den Moden**

Die Schüler*innen schauen sich die Grafik mit dem Kreislauf von Moden an und äußern sich dazu.

KV 9, S. 28

Jemand, der Klamotten trägt, die IN sind, ist …

„Kleider machen Leute“ – wie wir über andere Menschen denken, hat auch etwas mit deren Auftreten und ihrem Aussehen, der Art, wie sie sich kleiden, zu tun. Wie denken die Schüler*innen über andere Jugendliche, die besonders modisch gekleidet sind – oder eben nicht? Welche Eigenschaften schreiben sie ihnen zu? Nehmen sie diese beispielsweise weniger ernst oder möchten sie mit jenen besonders gern befreundet sein?

Aufgabe 1 **Eigenschaften der Optik nach zuordnen**

Die Schüler*innen versuchen, den Personen auf den Abbildungen Eigenschaften zuzuordnen, und erkennen dabei, dass es nicht gelingen kann.

Das sind meine Werte

KV 10, S. 29

Das sind meine Werte

Werte sind persönliche und individuelle Grenzen, die Entscheidungen und Lebensentwürfe von Menschen maßgeblich beeinflussen. Welche Werte vertreten die Schüler*innen? Welche sind ihnen wichtig?

Vorbereitender Schritt

Gemeinsam mit den Schüler*innen wird ein Gespräch darüber geführt, was jedem Einzelnen in Freundschaften besonders wichtig ist. Eventuell kann die Lehrkraft durch Impulse wie die folgenden das Gespräch in Gang setzen:

- ▷ Ist es dir wichtig, dass dein Freund / deine Freundin ehrlich ist?
- ▷ Wie wichtig ist dir bei einem Freund / einer Freundin, dass die anderen ihn/sie cool finden?
- ▷ Wie reagierst du, wenn jemand eingebildet wirkt? Findest du das eher gut oder eher schlecht?

Aufgabe 1

Werte-Reihenfolge

Die Schüler*innen erhalten die KV 10. Die Lehrkraft stellt vor der Arbeit mit der KV sicher, dass die 13 Begriffe von den Schüler*innen inhaltlich verstanden werden. Anschließend tragen die Schüler*innen die Werte in ihrer persönlichen Reihenfolge in die Kopiervorlage ein.

Aufgabe 2

Austausch

Die Schüler*innen vergleichen ihre Wertehierarchien untereinander und diskutieren sachlich, weshalb sie jeweils diese Reihenfolge gewählt haben.

Aufgabe 3

Verständnis für andere

Nach der Arbeit mit der KV spüren oder erkennen die Schüler*innen, dass es bei diesen Werten kein objektives „Richtig" und „Falsch" gibt. Dies schafft Verständnis für andere, z. B. in Alltagssituationen.

Normal, so mittel oder unnormal?

Wie normal bist du? Kreuze an.

	Total normal				So mittel				Total unnormal
So sehe ich aus									
So kleide ich mich									
So ist mein Zimmer eingerichtet									
So ist meine Familie									
So arbeitet mein Hirn									
So benehme ich mich									
Solche Dinge tue ich gerne									
So sind meine Freunde									
Davor habe ich Angst									
Davon träume ich									
Das wünsche ich mir									

1. Woher wusstest du, wie normal dein Leben in den einzelnen Bereichen ist?
2. Wenn andere Leute dich einordnen würden, wie würde der Test dann wohl ausfallen? Kreuze in je einer anderen Farbe an für die Sicht deiner Mutter / deines Vaters und für die Sicht einer Freundin / eines Freundes.
3. Wer entscheidet eigentlich, ob jemand normal ist?

Früher IN – heute OUT

Von IN bis OUT

Jemand, der als cool gilt, lässt sich eine neue Frisur verpassen.

Er geht mit der neuen Friseur raus.

Manche lachen ihn aus.

Manche finden ihn cool.

Ein paar lassen sich auch die neue Frisur verpassen.

Jetzt sind es noch mehr, die das cool finden.

Die Frisur ist IN.

Viele lassen sich eine solche Frisur verpassen.

Wer jetzt keine solche Frisur hat, kommt sich uncool vor.

Alle lassen sich eine solche Frisur verpassen.

Die Frisur ist nichts Besonderes mehr.

Allmählich findet man die Frisur langweilig.

Die Frisur ist OUT.

1. Kannst du selbst dich an Dinge erinnern, die mal cool waren und jetzt OUT sind? Oder ist dir in älteren Filmen so etwas schon mal aufgefallen?
2. Hast du eine Idee, wie das überhaupt kommt, dass bestimmte Dinge plötzlich IN sind?
3. Schau dir diese Grafik bitte genau an und sag, was dir dazu einfällt.

Jemand, der Klamotten trägt, die IN sind, ist …

intelligent hilfsbereit dumm

hässlich langsam laut beliebt

zuverlässig Helfer in der Not treue Freundin/treuer Freund

langweilig kreativ interessant

Morgenmuffel gut gelaunt freundlich

Partybombe Vorbild lügt oft

Abbildung: Shutterstock.com/Olga1818

1. Ordne zu: Welche Eigenschaften passen zu den Jugendlichen?

Das sind meine Werte

Wie Menschen sich verhalten, hängt auch von ihren Werten ab. Unten sind 13 solcher Werte aufgezählt. Lies sie dir in Ruhe durch und überlege, wie wichtig dir jeder einzelne Wert ist. Wenn du dir nicht sicher bist, stell dir Fragen wie diese: Finde ich es wichtig, dass Menschen Disziplin haben? Ist mir meine Familie sehr wichtig?

1. Trage in die Tabelle die folgenden Werte ein – und zwar in der Reihenfolge, wie sie für DICH am wichtigsten sind, von 1 = am wichtigsten bis 13 = am unwichtigsten.

Werte		
Bescheidenheit	Gastfreundschaft	Hilfsbereitschaft
Disziplin	Gehorsam	Religion
Ehrlichkeit	gute Manieren	Respekt vor alten Menschen
Familienzusammenhalt	gute Schulbildung	Selbstständigkeit
Selbstvertrauen		

Das ist meine Werte-Reihenfolge	
1	
2	
3	
4	
5	
6	
7	
8	
9	
10	
11	
12	
13	

2. Vergleiche deine Reihenfolge mit der der anderen. Diskutiert darüber, warum ihr gerade diese Reihenfolge gewählt habt, aber bleibt sachlich.

3. Hast du eine Erklärung dafür, dass ihr die Werte vielleicht in so unterschiedliche Reihenfolgen gebracht habt? Kannst du im Alltag manchmal erkennen, dass in deiner Familie oder in deinem Freundeskreis bestimmte Werte sehr weit oben und andere weit unten stehen?

Vielleicht verstehst du jetzt so manches Verhalten deiner Mitmenschen besser. Wenn du dich in Zukunft aber doch mal wieder über jemanden wunderst, denke an die Wertehierarchie. Vielleicht steht bei ihm ein ganz anderer Wert oben auf der Liste als bei dir.

Die goldene Regel und andere Entscheidungshilfen

Hinweise für Lehrkräfte

Ging es in den ersten drei Kapiteln eher um das Bewerten von Situationen und Verhaltensweisen, steht ab jetzt das eigene Verhalten der Schüler*innen im Vordergrund. Genau dies ist ja manchmal nicht einfach: zu entscheiden, wie man sich in einer bestimmten Situation verhalten soll. Vor dieser Herausforderung stehen die Menschen schon seit langen Zeiten. Genau genommen mussten sie sich seit dem Moment damit auseinandersetzen, in dem sie das mit dem Denken hinbekommen haben. Seither war ihr Verhalten nicht mehr – wie bei den Tieren – durch Instinkte gesteuert.

Immer wieder haben sich Menschen deshalb dazu Gedanken gemacht: Was ist richtig? Was ist falsch? Ist es zum Beispiel richtig, einem Schwächeren etwas wegzunehmen, weil es einem selbst dann besser geht? Oder: Ist es richtig, einem Schwächeren zu helfen, weil der sich nicht selbst helfen kann?

Die goldene Regel

Die goldene Regel

KV 11, S. 33

Die goldene Regel gibt es in abgewandelter Form in allen Weltreligionen. Sie besagt nichts anderes, als dass man seine Mitmenschen so behandeln sollte, wie man selbst auch gerne behandelt werden würde. Wir kennen diese Regel im Deutschen auch als Sprichwort: „Was du nicht willst, dass man dir tu, das füg auch keinem andern zu!"

Hinweis für die Lehrkraft
Die goldene Regel kann auch in den Kapiteln „Normal und unnormal", „IN und OUT" und auf viele weitere Situationen angewendet werden.

Aufgabe 1 **Zwei Sätze aus der Bibel**

Die Schüler*innen geben die beiden Sätze mit ihren Worten wieder und finden das entsprechende Sprichwort heraus: „Was du nicht willst, dass man dir tu, das füg auch keinem andern zu."

Aufgabe 2 **Der Begriff „goldene Regel"**

Die Schüler*innen finden durch Internet-Recherche den Begriff „goldene Regel" und ergänzen die Überschrift der KV 11.

Aufgabe 3 **Die goldene Regel in allen Weltreligionen**

Die Schüler*innen stellen Vermutungen über die goldene Regel auch in anderen Weltreligionen an und recherchieren dazu im Internet. Ihre Ergebnisse tragen sie in die abgezeichnete Tabelle ein. Sie versuchen, die Symbole für die einzelnen Religionen zu finden, und zeichnen auch sie ein.

Symbole der Weltreligionen:

Christentum	Islam	Judentum	Buddhismus	Hinduismus

Dann vergleichen sie noch einmal die einzelnen Sätze miteinander, diskutieren über die Ergebnisse und überlegen gemeinsam, warum es gerade diese Regel in so vielen Religionen gibt. Am Ende gestalten sie selbst die Tabelle bewusst schön.

Hinweis für die Lehrkraft
Das von den Schüler*innen gestaltete Übersichtsblatt kann ihnen – vielleicht sogar laminiert – mit nach Hause gegeben werden. Ein Exemplar kann im Klassenzimmer ausgehängt werden.

Mögliche Impulse für Fortgeschrittene: Der kategorische Imperativ und andere Alternativen

Wenn du dich also nicht immer nur am Verhalten der anderen orientieren möchtest, können dir ein paar Gedanken dabei helfen, selbst zu einer Entscheidung zu kommen. Es haben sich nämlich immer schon kluge Köpfe überlegt, was Menschen dabei helfen kann, sich richtig zu verhalten.

Die Lehrkraft berichtet zunächst von Immanuel Kant und dem kategorischen Imperativ, z. B. so:

Ein großer Denker, der Philosoph Immanuel Kant (1724–1804), hat den kategorischen Imperativ als grundlegendes Prinzip der Ethik formuliert: „Handle so, dass dein eigenes Verhalten zu einem Gesetz für alle Menschen werden könnte!"

Die Lehrkraft ermutigt die Schüler*innen, über die Berechtigung des Satzes nachzudenken, und gibt Impulse, z. B.:

Was wäre, wenn alle Menschen lügen/betrügen würden? Was wäre, wenn jede Person, die auf eine andere eine Wut hat, diese nach Herzenslust verdreschen würde? Was wäre, wenn alle das täten, was du selbst manchmal machst?

Die Lehrkraft nennt noch einen weiteren Satz:

„Du sollst dein Glück nicht auf dem Unglück anderer Menschen aufbauen!" Anders gesagt: Wenn es dir nur deshalb gut geht, weil es einem anderen Menschen schlecht geht, solltest du dir sehr gut überlegen, wie du handelst.

Auch hierüber steigt die Lehrkraft mit den Schüler*innen in eine Diskussion ein.
Und schließlich weist die Lehrkraft auf einen ganz einfachen „Trick" hin:

Versuch dir vorzustellen, wie sich ein anderer Mensch, der von deinem Verhalten betroffen ist, jetzt gerade fühlen würde. Versuch dir vorzustellen, wie sich ein Mensch fühlen würde, den du liebhast, z. B. deine Mutter, dein Bruder, deine Oma, dein Freund ..., wenn ihm das geschehen würde, was du gerade mit jemandem vorhast, z. B. weil du dich geärgert hast oder weil es dir einen Vorteil bringt.

Wieder kann sich daraus eine rege Diskussion ergeben, zu der die Schüler*innen eigene Erfahrungsberichte beisteuern.

Weitere mögliche Impulse der Lehrkraft:

- *Erinnere dich an eine Situation, in der du nicht wusstest, wie du dich verhalten sollst.*
  a) Versuche zunächst, die goldene Regel zu Hilfe zu nehmen.
  b) Wende dann noch den kategorischen Imperativ an.
  c) Versuch es mit dem Perspektivenwechsel.
  d) Und mach dir dann noch den Satz mit dem Unglück anderer Menschen bewusst.

- *Spürst du, wie dir die Entscheidung leichter fällt? Selbst wenn du dich nicht an diese Regeln hältst, weißt du doch, welches Verhalten ein „gutes" gewesen wäre.*

Die ____________________ Regel

Alles nun, was ihr wollt, dass euch die Leute tun sollen, das tut ihr ihnen auch. (Mt 7,12)[1]

Und wie ihr wollt, dass euch die Leute tun sollen, also tut ihnen gleich auch ihr. (Lk 6,31)[2]

Diese beiden Sätze stammen aus der Bibel und sind wichtige Regeln im Christentum.

1. a) Versuche in deinen Worten zu sagen, was mit diesen Sätzen gemeint ist.

b) Kennst du ein Sprichwort, das zu diesen beiden Sätzen passt?

____

____

2. Gib dieses Sprichwort im Internet in eine Suchmaschine ein. So erfährst du, dass es auch als eine ganz bestimmte Regel bezeichnet wird: die ____________________ Regel. Nun kannst du die Überschrift oben ergänzen.

3. a) Glaubst du, eine solche Regel gibt es auch in anderen Religionen? Tauscht euch über eure Vermutungen aus.

b) Recherchiert im Internet, ob es die ____________________ Regel auch in den anderen Weltreligionen gibt, z. B. im Islam, im Judentum, im Buddhismus, im Hinduismus.

c) Notiere die recherchierten Sätze, dazu die Webseiten, wo du sie gefunden hast, und jeweils ein Symbol für jede Religion. Erstelle damit auf einem separaten Blatt (quer) eine übersichtliche Tabelle, wie sie unten zu sehen ist, und gestalte sie schön.

d) Lies dir die Sätze der einzelnen Weltreligionen in Ruhe durch und vergleiche sie miteinander.

e) Diskutiert gemeinsam über die Ergebnisse eures Vergleichs.

DIE GOLDENE REGEL IN DEN WELTRELIGIONEN						
Religion	Christentum	Islam				
Symbol	✝					
Satz	Alles nun, was ihr wollt, dass euch die Leute tun sollen, das tut ihr ihnen auch.					
Quelle	Die Bibel, Mt 7,12					

1 Die Bibel nach der Übersetzung Martin Luthers (rev. 1912), Mt 7,12. www.bibel-online.net

2 Die Bibel nach der Übersetzung Martin Luthers (rev. 1912), LK 6,31. www.bibel-online.net

Symbol: Shutterstock.com/sreewing

Fragen, die zum Nachdenken anregen: Wie würdest du dich verhalten?

Hinweise für Lehrkräfte

Es gibt Fragen, die mit Ja oder Nein hinreichend beantwortet sind. Und es gibt solche, die Denkvorgänge und Diskussionen mit enormem Tiefgang auslösen können. Solche Fragen können von der Lehrkraft selbst „erfunden" oder, je nach aktuellem Thema, von den Schüler*innen entwickelt werden. Für alle Fälle findet sich auf der Kopiervorlage eine Auswahl solcher Fragestellungen.

> **Orientierungstipp**
> Hier kann die Lehrkraft Kapitel 4 „Die goldene Regel und andere Entscheidungshilfen" zur Hand nehmen und es den Schüler*innen als Grundlage für die Denkvorgänge und die Diskussion zur Verfügung stellen.

Fragen zum Nachdenken

Material: Fragen, die zum Nachdenken anregen

KV 12, S. 36 f.

Aufgabe 1 **Fragenauswahl**

Die Schüler*innen bekommen eine Frage vorgegeben, die z. B. zu einer aktuellen Situation passt, oder sie suchen sich aus einem Pool selbst eine Frage aus, die sie im Anschluss diskutieren wollen. Möglich ist es auch, eine oder mehrere Fragen auszulosen.

Aufgabe 2 **Bearbeitung**

Die Arbeit mit den Fragen kann unterschiedlich vonstattengehen:

- Je nach Zusammensetzung der Lerngruppe wird sofort mit einer Diskussion begonnen, oder aber die Schüler*innen notieren zunächst einmal schriftlich ihre Gedanken.
- Zwei oder mehr Gruppen erhalten dieselbe Frage, diskutieren sie und präsentieren ihre Ergebnisse. Anschließend wird verglichen.
- Die Klasse wird in Gruppen eingeteilt und jede Gruppe erhält eine andere Frage. Später werden die Ergebnisse präsentiert, in Worten oder – wenn mehr Zeit zur Verfügung steht – in Form eines kurzen Theaterstücks, einer Collage, eines Videoclips …

In jedem Fall erkennen die Schüler*innen wieder einmal, dass viele Dinge doch nicht so einfach sind, wie sie zunächst scheinen. Damit sie den Weg zu dieser Erkenntnis finden, kann die Lehrkraft immer wieder mal eingreifen, indem sie neue Impulse setzt.

Aufgabe 3 **Eigene Fragen entwickeln**

Die Schüler*innen überlegen sich am Ende der Stunde selbst Fragen, die zum Nachdenken über das eigene Verhalten anregen. Es ist sinnvoll, vorab einen Rahmen und Grenzen festzulegen, innerhalb derer sich die Fragen bewegen dürfen. Die Fragen werden auf Zetteln notiert, die gefaltet in eine Schale gelegt werden.

Bis zum nächsten Mal prüft die Lehrkraft die Fragen auf „Tauglichkeit". Dann zieht jede*r Schüler*in eine Frage, die entweder im Plenum zur Diskussion vorgestellt oder nur für sich selbst beantwortet wird.

Themen-Tipps für eigene Fragen

Klimawandel/Umweltschutz – Massentierhaltung – Vegetarismus/Veganismus – gesunde Ernährung – Rauchen/Alkohol/Drogen – Rassismus – Pubertätsprobleme – Liebe – sexuelle Orientierung – psychische Probleme (Selbstverletzungen/Ritzen, Essstörungen, Depressionen usw.) – Mobbing – Social Media (YouTube, Instagram, TikTok usw.) – „Mehr Schein als Sein"/Influencer – Vorbilder – Kränkungen/Häme – Freundschaften – Probleme in der Peergroup – Gewalt unter Gleichaltrigen/Schlägereien – Familie – Trennung/Scheidung der Eltern – Zerrissenheit zwischen den getrennten Eltern – Gewalt und Missbrauch in der Familie – Gesetzesübertretungen/Kriminalität – Chancen von Sozialstunden/Jugendknast – Was bin ich wert?/Ist eine*r wertvoller als der*die andere? – Wann bin ich gut? – Was kann ich (als Einzelne*r) schon bewirken in der Welt? – Verantwortung übernehmen – Lügen – Tradition vs. eigene Wege

Diese Themen-Sammlung bietet sich natürlich auch für andere Kapitel dieses Bandes an.

Material: Fragen, die zum Nachdenken anregen

Wenn du dich auf Knopfdruck unsichtbar machen könntest, wie würdest du die nächsten Stunden verbringen?

Wenn du morgen alles tun könntest, was du willst, ohne negative Folgen befürchten zu müssen, wie würdest du dich verhalten?

Stell dir vor, du könntest über die Welt herrschen. Du kannst alles haben, was du dir wünschst, und alle Menschen müssen tun, was du willst. Wie würdest du herrschen: gutmütig, streng, raffgierig ...?

Stell dir vor, du würdest über die Welt herrschen und müsstest dich entscheiden: entweder den Klimawandel rückgängig machen oder dafür sorgen, dass alle Menschen glücklich sind. Was würdest du tun?

Wie wäre es für dich, wenn dir deine Freundinnen und Freunde immer total ehrlich sagen würden, was sie gut und was sie schlecht an dir finden?

Solltest du eine Zeitreise machen können, in welcher Zeit würdest du am liebsten landen? Warum?

Wenn du es dir aussuchen könntest: Wärst du lieber sehr, sehr klug, würdest aber nicht gut aussehen, oder sehr, sehr gut aussehend, aber gar nicht klug?

Wenn du es dir aussuchen könntest, ein bestimmtes Alter zu haben und für immer zu behalten, welches Alter wäre das?

Wenn du von einem lieben Menschen ein Geschenk bekommst, das dir gar nicht gefällt, was machst du dann?

Wenn du die magische Fähigkeit hättest, Gedanken zu lesen, aber nur bei einer einzigen Person – welche Person würdest du dir dafür aussuchen?

Wenn du mitbekommst, dass der Freund deiner besten Freundin offenbar heimlich ein anderes Mädchen trifft: Sagst du es ihr?

Dein Bruder mobbt zusammen mit seinen Kumpels ein Mädchen in seiner Klasse. Unternimmst du etwas? Wenn ja, was?

Deine beste Freundin hat Bulimie. Sie bittet dich, es niemandem zu sagen, aber du siehst, dass es ihr nicht gut geht. Weihst du jemanden ein, um ihr zu helfen?

Du hast das Handy deiner Freundin unbemerkt versehentlich vom Tisch geschubst. Jetzt ist das Display zerbrochen und deine Freundin untröstlich. Sagst du, dass du es warst? Oder behältst du es für dich?

Deine Lieblingsinfluencerin kommt für einen Auftritt ins Einkaufszentrum. Du würdest sie gern treffen, aber deine Mutter hat an dem Tag Geburtstag und du müsstest das Familien-Kaffeetrinken schwänzen. Was tust du?

Dein Freund hat sein Smartphone auf dem Tisch liegen gelassen und ist zur Toilette gegangen. Die Tastensperre ist nicht aktiviert. Schaust du heimlich ins Handy?

Wenn du in einem Film oder in einer Serie leben dürftest – welcher Film bzw. welche Serie wäre das?

Heikle Situationen: Wie würdest du dich verhalten?

Hinweise für Lehrkräfte

So wie in Kapitel 5 verhält es sich auch hier: Sehr schnell wird deutlich, dass manches im Leben eben nicht ganz einfach zu lösen ist. In jede der folgenden heiklen Situationen können Schüler*innen im Prinzip geraten. Die Antwort auf die Frage „Wie würde ich mich verhalten?“ fällt nicht leicht.

Orientierungstipp
Hier kann die Lehrkraft Kapitel 4 „Die goldene Regel und andere Entscheidungshilfen“ zur Hand nehmen und den Schüler*innen als Grundlage für die Denkvorgänge und die Diskussion zur Verfügung stellen.

Umgang mit heiklen Situationen

Zunächst lässt sich mit den Schüler*innen thematisieren, dass man in einer heiklen Situation grundsätzlich sehr unterschiedlich agieren bzw. reagieren kann. Man kann ...

- sich der Situation entziehen, indem man buchstäblich oder im übertragenen Sinne wegläuft oder abtaucht.
- aus dem Bauch heraus handeln, impulsiv und ohne groß nachzudenken.
- vor lauter Nachdenken gelähmt sein und nicht ins Handeln kommen.
- sich klar positionieren – zur Not als Einzige*r.
- versuchen, Unterstützer*innen, Mitstreiter*innen zu finden.
- sich Hilfe holen.

Heikle Situationen

Heikle Situationen: Wie würde ich mich verhalten?

KV 13, S. 39

Aufgabe 1 **Eine heikle Situation auswählen**

Die Lehrkraft wählt eine heikle Situation aus und stellt sie der Klasse vor. In Einzel-, Partner oder Gruppenarbeit befassen sich die Schüler*innen mit der jeweiligen Situation, wägen Handlungsmöglichkeiten ab und begründen sie. Dabei machen sie sich Notizen. Anschließend tauschen sie sich aus.

Aufgabe 2 **Für Fortgeschrittene: eigene heikle Situationen**

Die Schüler*innen entwickeln Ideen für eigene heikle Situationen oder erinnern sich an heikle Situationen, die sie beispielsweise in Filmen gesehen haben.

Heikle Situationen: Wie würde ich mich verhalten?

- Ein Kumpel deines großen Bruders, den du nicht leiden kannst, gerät in Verdacht, bei einem bewaffneten Raubüberfall dabei gewesen zu sein. Jemand von einer Zeitung bietet der Person 1.000 €, die ein Foto des Jungen zur Verfügung stellt. Du selbst hast ein Foto von ihm auf deinem Handy.

- Eine Freundin, die bei dir übernachtet, steigt am späten Abend plötzlich aus dem Fenster, statt mit dir einen Film anzuschauen. Sie will ihren Freund treffen, den ihre Eltern nicht gut finden, weil er zehn Jahre älter ist und mit Drogen zu tun hat.

- Du verdienst dir Geld, indem du Regale im Supermarkt einräumst. Ein Karton mit teuren Weinflaschen rutscht dir im Lager aus den Händen und landet laut klirrend auf dem Boden.

- Du bist mit dem Bus unterwegs. Zwei andere Jugendliche verhalten sich aggressiv gegenüber einem älteren Herrn.

- Du hast mit einem Freund vereinbart, dass du ihm sein Smartphone abkaufst. Über den Preis habt ihr euch mündlich geeinigt. Dann siehst du plötzlich ein unglaublich günstiges Angebot. Dieses Smartphone hättest du viel lieber.

- Du bekommst Messenger-Nachrichten von einem Jungen, den du im Internet kennengelernt hast. Du findest den Jungen unglaublich süß. Plötzlich fragt er dich nach Fotos von dir in Unterwäsche.

- Als du im Lehrerzimmer mit deiner Klassenlehrerin sprichst, will sie kurz etwas aus dem Nebenraum holen. Auf dem Tisch eures Mathelehrers siehst du die Lösungen der Mathearbeit liegen, die ihr morgen schreibt. Dein Smartphone hast du in der Hand.

- Dein Kumpel und seine Freundin trennen sich. Sie gefällt dir auch schon länger und plötzlich schreibt sie dir ständig Nachrichten.

Abbildung: Shutterstock.com/studiolaut

Dilemma-Geschichten: Wie würdest du dich verhalten?

Hinweise für Lehrkräfte

Ein Dilemma ist eine Zwickmühle, in der sich ein Mensch befindet. Man könnte die Zwickmühle auch Gewissenskonflikt nennen. Vermutlich gibt es keinen Menschen auf dieser Welt, der sich nicht schon einmal in einem Dilemma befunden hat.

Dilemma-Geschichten sind dazu geeignet, eine hohe Betroffenheit bei den Schüler*innen zu bewirken. Wenn es Situationen sind, die nahe an ihrer persönlichen Lebenswelt sind und in die sie sich somit leicht hineinversetzen können, können Dilemma-Geschichten bewirken, dass Schüler*innen sich intensiv mit einem Problem auseinandersetzen. So kann durch Dilemma-Geschichten sowohl eine persönliche Reflexion des/der Einzelnen als auch eine Diskussion in der Gruppe über moralische Fragen ausgelöst werden.

Orientierungstipp
Hier kann die Lehrkraft Kapitel 4 „Die goldene Regel und andere Entscheidungshilfen" zur Hand nehmen und es den Schüler*innen als Grundlage für die Denkvorgänge und die Diskussion zur Verfügung stellen.

Dilemma-Geschichten

Vorbereitender Schritt: An Vorerfahrungen anknüpfen

Ehe die Lehrkraft mit der KV 14 arbeitet, stellt sie den Schüler*innen folgende Fragen: Warst du selbst schon mal in einer solchen Zwickmühle? Warst du dir schon mal nicht sicher, welches Verhalten richtig ist?

Dilemma-Geschichten: Wie würde ich mich verhalten?

KV 14, S. 42

Aufgabe 1 **Eigenes Verhalten**

Die Schüler*innen berichten, wie sie sich in den beiden Fällen verhalten würden und warum.

Aufgabe 2 **Argumente**

Die Schüler*innen überlegen sich für jede Möglichkeit Argumente, die dafür bzw. dagegen sprechen.

Aufgabe 3 **Unterstützung durch die goldene Regel**

Die Schüler*innen versuchen, sich bei der Entscheidung von der goldenen Regel helfen zu lassen.

Aufgabe 4 **Gefühle und Werte**

Die Schüler*innen reflektieren darüber, welche Gefühle und Werte an der Entscheidung beteiligt sind, sich so zu verhalten.

Weitere Dilemma-Geschichten finden

Falls es nötig erscheint, können weitere Dilemma-Geschichten im Internet gefunden werden:

- Auf der Seite lernvisionen.ch eignen sich z. B. die Geschichten „Das Popkonzert", „Tommy dealt" und „Das Graffiti-Problem von Gitta".
- Auch auf der Seite ZUM.de findet sich eine Vielzahl von Dilemma-Geschichten. Die Lehrkraft muss bei der Auswahl darauf achten, dass die Geschichte zum Alter der Lerngruppe passt.

Dilemma-Geschichten: Wie würde ich mich verhalten?

Die Maske mit Tücke

Während der Corona-Pandemie versuchte Hülya, die schon öfter mit der Nähmaschine ihrer Mutter hatte nähen dürfen, Atemschutzmasken aus dem lustigen Stoff zu nähen, den ihre Mutter neulich übrigbehalten hatte. Es gelang ihr gut und ihre Mutter hatte nichts dagegen. Hülya nähte Masken für ihre Eltern und Geschwister und bot das auch ihren Freundinnen an. Diese nahmen dankbar an. Besonders froh und überrascht war Oxana, sie hatte nicht damit gerechnet, dass Hülya auch sie fragen würde. Als Oxana die Maske mal wieder beim Einkaufen trug, spürte sie plötzlich, wie etwas sie in die Haut stach, knapp unter dem Auge. Eilig verließ sie den Supermarkt, nahm die Maske ab und entdeckte einen spitzen Draht, der sich durch den Stoff gebohrt hatte. Ach ja, der Blumendraht, mit dem Hülya die Maske versteift hatte, damit sie über der Nase gut abschloss! Hülya war so stolz auf dieses Detail gewesen! Oxana gelang es, den Draht wieder unter den Stoff zu schieben, und sie kehrte in den Supermarkt zurück. Auf dem Heimweg schoss ihr plötzlich in den Kopf: Wenn der Draht sich nun bei jemandem genau dann durch den Stoff bohren würde, wenn die Maske für einen Moment nahe am Auge sein würde! Womöglich würde der Draht das Auge verletzen! Als Oxana später im Bett lag, musste sie immer wieder an die Sache mit dem Draht denken. Sollte sie Hülya davon erzählen? Würde die sie nicht für undankbar halten? Aber wenn sie nichts sagen würde – wäre sie dann nicht mitschuldig, falls doch etwas passieren würde?

Bleiben oder gehen?

Ein Junge lebt mit mehreren Geschwistern in seiner Familie. Die Verhältnisse sind katastrophal. Die Mutter ist ständig betrunken, der Vater schlägt sie und die Kinder. Der Junge ist gut in der Schule und möchte raus aus diesen schrecklichen Zuständen. Ein Mitarbeiter des Jugendamtes hat dem Jungen seine Visitenkarte gegeben. Der Junge überlegt nun: Soll er sich an ihn wenden und darum bitten, aus der Familie genommen zu werden? Oder soll er bleiben, um seine Geschwister nicht im Stich zu lassen – auch wenn er weiß, dass er selbst dabei kaputt geht?

1. Wie würdest du in diesen Fällen handeln? Warum?
2. Überlege dir mehrere Möglichkeiten, wie du dich verhalten könntest. Suche für jede Möglichkeit Argumente, die dafür bzw. dagegen sprechen.
3. Versuche dir bei der Entscheidung von der goldenen Regel helfen zu lassen.
4. Welche Gefühle und Werte sind daran beteiligt, dass du dich so verhältst?

Fake oder Nicht-Fake? – Fake News

Hinweise für Lehrkräfte

Bei Meldungen im Internet, die oft auf den ersten Blick wie Nachrichten aussehen und auch nicht selten von anderen per Messenger weitergeleitet werden, kann man sich manchmal nicht sicher sein: Stimmt das jetzt oder ist das eine Lüge? Oft sind es besonders reißerische Meldungen, die die Menschen neugierig machen.

Fake News

KV 15, S. 47

So informiere ich mich

Aufgaben 1 bis 3 **Informationsbeschaffung**

Die Lehrkraft stellt den Schüler*innen die Frage, woher sie ihre Informationen beziehen. Nachdem die KV ausgefüllt ist, findet ein Gespräch über die unterschiedlichen Informationsquellen statt.

KV 16, S. 48 f.

Fake News und andere Internet-Fallen

Im Gespräch über KV 15 ergibt sich vermutlich, dass es extrem unseriöse Informationsquellen gibt. Wenn das Gespräch nicht durch die Schüler*innen selbst auf dieses Thema gebracht wird, muss die Lehrkraft dies tun. Die Schüler*innen erhalten zur Information mit der KV 16 eine Kurzzusammenfassung.

KV 17, S. 50 f.

Gedanken, mit denen man Fake News auf die Schliche kommen kann

Die Lehrkraft konfrontiert die Schüler*innen mit den folgenden Fragen:

- ▷ Hast du schon mal mitbekommen, dass die Unwahrheit verbreitet worden ist?
- ▷ Woher wusstest du, dass eine Meldung nicht wahr war?

Die Übersicht auf KV 17 liefert hier wertvolles Wissen in vereinfachter Form. Je nach zur Verfügung stehender Zeit und Leistungsfähigkeit der Klasse entscheidet die Lehrkraft, ob sie die kurze oder die längere Variante verwendet.

KV 18, S. 52

Fake News mit Fotos

Aufgabe 1 **Selbst Fake News erfinden**

Die Schüler*innen denken sich zu den beiden vorgegebenen Fotos selbst Fake News aus, auf die möglichst viele Leute hereinfallen werden.

Foto 1:

Im ursprünglichen Sinn zeigt das Foto chilenische Polizisten, die in Santiago de Chile einen Demonstranten festnehmen.

Die Schüler*innen könnten das Foto z. B. so deuten:

- Polizisten nehmen einen Demonstranten fest.
- Bullen foltern einen harmlosen Bürger.
- Polizisten schützen einen Unschuldigen vor Kriminellen.
- Polizisten helfen einem Gestürzten wieder auf die Beine.

Foto 2:

Im ursprünglichen Sinn zeigt das Foto einen Schwarzen, der unter Ausgrenzung leidet.

Die Schüler*innen könnten das Foto z. B. so deuten:

- Keiner will bei ihm am Tisch sitzen.
- Er will bei keinem am Tisch sitzen, weil er sich geärgert hat.
- Er hat entsetzliche Blähungen, kann aber nicht weg, weil er verabredet ist und die Person jeden Moment kommen kann.
- Er plant gerade ein Attentat in dem Land, in dem er Zuflucht gefunden hat.

Aufgabe 2 **Selbst mehrdeutige Fotos kreieren**

Die Schüler*innen überlegen sich selbst Fotomotive, die sich unterschiedlich bzw. falsch deuten lassen. Bevor diese Motive tatsächlich nachgestellt und fotografiert werden, ist es sinnvoll, die Ideen der Klasse vorzustellen und ggf. noch anzupassen oder auf tatsächliche Umsetzungstauglichkeit zu prüfen.

Info-Material für Lehrkräfte – Wertvolles Wissen über Fake News und Co.

Fake News

Das Wort „Fake" kommt aus dem Englischen und bedeutet „Fälschung". Je größer die digitale Informationsflut wird, umso leichter ist es, Menschen Fälschungen, also Falschmeldungen unterzujubeln, und umso schwieriger, zu erkennen, ob es sich um Richtig- oder Falschmeldungen handelt. Oft sind diese Fake News, die auch Hoax genannt werden, so gut gemacht, dass sehr viele Menschen darauf hereinfallen. Das Ergebnis: Sie verbreiten sich in kürzester Zeit, manchmal über die ganze Erde.

Fake News beziehen sich oft auf Themen, die die Menschen gerade sehr bewegen. Sie werden bewusst im Internet gestreut, und zwar hauptsächlich aus zwei Gründen:

1. Jemand will die Öffentlichkeit bewusst und gezielt falsch informieren, um die Menschen zu verunsichern, zu beeinflussen und zu manipulieren.
   Beispiel: Hetze gegen Flüchtlinge
2. Jemand will anderen Menschen mit kriminellen Mitteln „das Geld aus der Tasche ziehen", z. B. durch sogenanntes Clickbaiting, d. h., durch Klicks auf die eigene Seite sollen höhere Werbeeinnahmen erzielt werden.

Was Fake News darüber hinaus gefährlich macht: Genau den Medien, denen journalistische Sorgfalt wichtig ist, wird durch die Fake News unterstellt, dass sie nicht die Wahrheit melden, was in den Schlagworten „Lügenpresse" und „Gebührenabzocke" gipfelt. Dabei ist eine freie, sorgfältig arbeitende Presse in der Demokratie höchst wichtig.

Fake News durch bewusst falsch hergestellte Zusammenhänge

Hier werden bewusst falsche Zusammenhänge hergestellt. Oft wird ein Foto mit einem Text kombiniert, der bei den Betrachter*innen eine bestimmte Stimmung erzeugen soll. Sehr gern wird so gegen bestimmte Bevölkerungsgruppen, z. B. Geflüchtete, gehetzt.

Beispiel: Männer, die sichtlich Migrationshintergrund haben, sind von hinten vor einer Kirchenmauer fotografiert. Die Bildunterschrift auf Facebook bezeichnete die Männer als „Neubürger" und unterstellt ihnen, respektlos an die Kirche zu urinieren. Natürlich wurde dazu aufgefordert, das zu teilen. Dies ist über 13.000 Mal passiert. In Wirklichkeit hatten sich die Männer an die Wand des Kirchengebäudes gelehnt, um zu beten. Dies wurde von der dortigen Kirchengemeinde offiziell bestätigt.

Hoax

Das Wort kommt ebenfalls aus dem Englischen und bedeutet „Scherz" oder „Schwindel". Es wird zurzeit als Sammelbegriff für alles gebraucht, was absichtlich als Falschnachricht im Internet in Umlauf gebracht wurde. Das kann ein harmloser Scherz genauso sein wie ein gefaktes Foto, das z. B. Brutalitäten zeigt.

Phishing

Das Wort ist an das englische „fishing" (angeln) angelehnt. Hier handelt es sich um keinerlei Scherz mehr, denn mit Phishing sind Fake News, z. B. auf Facebook, oder eine Lüge in einer Mail gemeint. Das Ziel ist jeweils, den zu schädigen, der auf das Phishing hereinfällt: durch den Klau persönlicher Daten, z. B. Passwort, Nummer der Kreditkarte.

Social Bots

Eine Sonderform der Fake News sind die Bots. Das Wort kommt von „robot" (engl.), weil hier kein Mensch, sondern ein Computerprogramm, also ein Roboter, die Meldungen ins Internet bringt. Social Bots verhalten sich in den sozialen Medien wie echte Nutzer, haben gegenüber diesen aber zwei Vorteile:

1. Reaktionszeit: Sie können in Echtzeit auf Aktuelles reagieren.
2. Menge: Im Prinzip könnten unzählige von ihnen in den sozialen Medien aktiv werden.

Außer dass Social Bots eben keine echten User sind und somit etwas Falsches vorgaukeln, bergen sie eine große Gefahr: Sie können die Stimmung massiv beeinflussen, ja manipulieren und dadurch die einen zum Schweigen bringen und die anderen massiv bestärken.

Wichtiger Hinweis für die Schüler*innen:

Auch in satirischen Texten wird gelogen, allerdings so übertrieben, dass man merken kann, dass hier nicht die Wahrheit erzählt wird. Das Ziel ist hier nicht, jemanden übers Ohr zu hauen, sondern die Menschen zu unterhalten und zum Nachdenken zu bringen.

(Info-Material für Schüler*innen auf **KV 16**)

Wertvolles Material

Bilder sind im Zusammenhang mit Fake News und Populisten-Machwerken viel überzeugender als viele Worte. Auf folgenden Websites z. B. gibt es wertvolles Material zum Thema, auch Bildmaterial:

- so-geht-MEDIEN – eine Unterseite des Bayerischen Rundfunks (BR)
- planet-wissen – Gemeinschaftsprojekt des Westdeutschen Rundfunks (WDR), des Südwestrundfunks (SWR) und von ARD-alpha
- klicksafe – EU-Initiative für mehr Sicherheit im Netz
- Saferinternet – österreichweite und von der EU geförderte Initiative
- SCHAU HIN! – gemeinsame Initiative des Bundesministeriums für Familie, Senioren, Frauen und Jugend, der öffentlich-rechtlichen Sender Das Erste und ZDF sowie des AOK-Bundesverbands

Zum Thema „Social Bots“ erhält man gutes Material, wenn man in eine Suchmaschine „Social bots“ oder „Meinungsroboter“ eingibt und dies z. B. mit „Tagesthemen“ oder „BR“ kombiniert.

So informiere ich mich

A Kreuze an, was zutrifft. Ergänze gegebenenfalls.

1. Woher bekommst du deine Informationen?

- ☐ Fernsehen
- ☐ Radio
- ☐ Zeitung
- ☐ Zeitschrift
- ☐ Freunde
- ☐ Eltern
- ☐ Internet
- ☐ anderes: ______________________________

2. Wenn du auch das Internet angekreuzt hast, wo informierst du dich konkret?

- ☐ Facebook
- ☐ Instagram
- ☐ Twitter
- ☐ anderer Social-Media-Kanal
- ☐ Podcasts
- ☐ Mediatheken
- ☐ Apps
- ☐ Blogs
- ☐ andere Internetseiten: ______________________

3. Wenn du dir nicht sicher bist, ob eine Meldung stimmt, wie gehst du dann vor?

- ☐ Ich frage Freundinnen und Freunde.
- ☐ Ich frage jemanden aus der Familie.
- ☐ Ich frage eine Lehrkraft.
- ☐ Ich versuche mich besser zu informieren, indem ich etwas über das Thema lese.
- ☐ Ich versuche mich besser zu informieren, indem ich mir dazu etwas im Fernsehen anschaue.
- ☐ Ich kenne da ein paar Leute, die sich im Internet zu aktuellen Themen äußern, z. B. YouTuber. Bei denen schaue ich mal nach.
- ☐ ____
- ☐ ____

Fake News und andere Internet-Fallen

Fake News

Das Wort „Fake“ kommt aus dem Englischen und bedeutet „Fälschung“. Fake News sind also gefälschte Nachrichten. Häufig ist es sehr schwierig, zu erkennen, ob es sich um Richtig- oder Falschmeldungen handelt. So fallen oft viele Menschen darauf herein und die Fake News verbreiten sich in kürzester Zeit, manchmal über die ganze Erde.

Meist beziehen sich die Fake News auf Themen, die die Menschen gerade sehr bewegen. Sie werden in die Welt gesetzt, um die Menschen gezielt falsch zu informieren und um sie zu manipulieren.

Fake News durch bewusst falsch hergestellte Zusammenhänge

Hier werden bewusst falsche Zusammenhänge hergestellt. Oft wird ein Foto mit einem Text kombiniert, der bei den Betrachterinnen und Betrachtern eine bestimmte Stimmung erzeugen soll. Sehr gerne wird so gegen bestimmte Bevölkerungsgruppen, z. B. Geflüchtete, gehetzt.

Foto oben: Shutterstock.com/Dilok Klaisataporn · Foto unten: Shutterstock.com/panuwat phimpha

Hoax

Das Wort kommt ebenfalls aus dem Englischen und bedeutet „Scherz" oder „Schwindel". Es wird zurzeit als Sammelbegriff für alles gebraucht, was absichtlich als Falschnachricht im Internet in Umlauf gebracht wurde. Das kann ein harmloser Scherz genauso sein wie ein gefaktes Foto, das z. B. Brutalitäten zeigt.

Phishing

Das Wort ist an das englische „fishing" (angeln) angelehnt. Mit Phishing sind Fake News, z. B. auf auf Social Media, oder eine Lüge in einer Mail gemeint. Das Ziel ist jeweils, den zu schädigen, der auf das Phishing hereinfällt: durch den Klau persönlicher Daten, z. B. Passwort, Nummer der Kreditkarte.

Social Bots

Eine Sonderform der Fake News sind die Bots. Das Wort kommt von „robot" (engl.), weil hier kein Mensch, sondern ein Computerprogramm, also ein Roboter, die Meldungen ins Internet bringt. Social Bots verhalten sich in den sozialen Medien wie echte Nutzer, können aber viel schneller reagieren, und es können unzählige von ihnen aktiv werden. Sie können die Stimmung massiv beeinflussen und dadurch die einen zum Schweigen bringen und die anderen massiv bestärken.

Abbildung: Shutterstock.com/Crystal Eye Studio

Gedanken, mit denen man Fake News auf die Schliche kommen kann

Kurze Prüfung auf Fake News

Kann ich glauben, was ich da sehe oder höre?		
	👎	👍
Wie „redet“ man mit mir?	Aufgeregt? Wütend?	In aller Ruhe? Sachlich?
Wie geht man mit dem Thema um?	Die Person tut so, als habe sie als Einzige die Wahrheit erkannt.	Die Person gibt zu, dass man manche Dinge so oder anders sehen kann, und zeigt dies auch.
Woher stammt das Wissen?	Eine wissenschaftliche Quelle wird nicht genannt. Die Person äußert einfach nur ihre Meinung, und die soll man glauben.	Es werden wissenschaftliche Quellen genannt.
Was weißt du über die entsprechende Person?	Man hört und sieht sie vor allem auf YouTube.	Sie veröffentlicht auch in anerkannten Fachzeitschriften oder auf entsprechenden Webseiten.

Ausführliche Prüfung auf Fake News

1	Schalte deinen Verstand ein!	Kann das überhaupt sein? Ist es vielleicht Satire? Möchte dich jemand ganz bewusst über die Gefühlsschiene „rumkriegen“?
2	Wie ist die Nachricht aufgemacht?	Reißerisch, emotional, übertrieben, widersprüchlich ...? Oder ist das Thema von verschiedenen Seiten beleuchtet und kritisch betrachtet worden?
3	Wer hat die Nachricht verfasst?	Ist die Autorin / der Autor eine Expertin / ein Experte für das Thema? Ist ein Impressum vorhanden?

4	Werden in der Meldung Informationsquellen genannt?	Woher stammen die Informationen? Aus einer seriösen Quelle? Manchmal gibt es erfundene oder leicht abgewandelte Zeitungsnamen. Ist die Meldung unter der angegebenen Quelle zu finden? Ist die Seite sichtlich für den Fake erstellt worden?
5	Wann wurde die Nachricht verfasst?	Ist es vielleicht eine alte Meldung mit neuem Datum?
6	Können andere Quellen zum Thema weiterhelfen?	Ganz andere, zuverlässige Seiten besuchen! Faktenvergleich! Originalstudie suchen!
7	Was kann ich über die Suchmaschine erfahren?	Einen Teil des Textes bzw. Thema und „Fake News“ ins Suchfeld eingeben! Ergebnisse sichten!
8	Was erfahre ich über die Bilder-Rückwärtssuche?	Den Ursprung suchen mithilfe von images.google! Ist es ein altes Foto in einem falschen Zusammenhang?
9	Was sagen Expertinnen und Experten?	Jemanden fragen, der sich mit dem Thema auskennt!

Hier kannst du Fakten im Internet checken!

Auf den Webseiten von Mimikama und CORRECTIV.Faktencheck kannst du gezielt nach Fake News suchen, selbst Fake News melden und dich über Fake News allgemein informieren.

Fake News mit Fotos

1. Denk dir zu den folgenden beiden Fotos Fake News aus, auf die möglichst viele Leute hereinfallen werden.

2. Überlegt euch selbst Foto-Motive, die sich unterschiedlich bzw. falsch deuten lassen. Macht die entsprechenden Fotos und lasst die anderen dazu Fake News formulieren.

Foto oben: Shutterstock.com/abriendomundo · Foto unten: Shutterstock.com/fizkes

Umgang mit herausfordernden Situationen

Auch wenn Lehrkräfte sich noch so gut vorbereiten und sich gewappnet fühlen, kann es zu herausfordernden Situationen kommen. Im Unterricht läuft es ja ohnehin nicht immer nach Plan, aber wenn Schüler*innen ihre eigenen Meinungen einbringen und das Denken üben, besteht die Gefahr von unliebsamen Überraschungen in besonderem Maße. Einmal durch die Möglichkeit, dass vonseiten der Schüler*innen Themenvorschläge eingebracht werden können, zum anderen aber auch, weil einfach nicht vorhersehbar ist, welche Denkvorgänge bei den Schüler*innen in Gang gesetzt werden und wie diese sich wiederum gegenseitig beeinflussen.

In diesem abschließenden Kapitel werden deshalb einige herausfordernde Situationen aufgegriffen, denen Lehrkräfte sich möglicherweise gegenübersehen, und Anregungen zur Lösung angeboten.

1. Von Schüler*innenseite wird ein Thema eingebracht, das – für die Lehrkraft offensichtlich – kein ernsthafter Gesprächsanlass und Denkanstoß ist, sondern in der Absicht, zu provozieren, vorgeschlagen wird.

Vielleicht möchte sich jemand vor seinen Mitschüler*innen als mutig positionieren, vielleicht möchte er/sie die Lehrkraft aus der Reserve locken. Wenn die Lehrkraft sicher ist, kann sie gelassen und humorvoll darauf hinweisen, dass sie die Absicht durchschaut, und augenzwinkernd vielleicht noch einen Satz wie diesen anhängen: „Wenn es dir aber sehr wichtig ist, stehe ich dir gerne nach der Stunde / morgen in der x. Stunde für ein Gespräch zur Verfügung.“ Vermutlich zeigt sich nun sehr schnell, dass „es“ nicht wichtig war.

2. Von Schüler*innenseite wird ein Thema eingebracht, das die Lehrkraft für ungeeignet hält.

Dies ist nun ein Dilemma für die Lehrkraft: Einerseits gilt die Devise „Schülervorschläge haben Vorrang“, andererseits hat die Lehrkraft Verantwortung. Ihr muss also die Gratwanderung gelingen, das Schülerthema nicht zu entwerten, aber dennoch zu einem anderen Thema umzuschwenken.

Am besten dürfte das mit Ehrlichkeit und Transparenz funktionieren. Die Lehrkraft sagt beispielsweise: „Ich freue mich, dass du uns ein Thema mitgebracht hast, ich habe jedoch das Gefühl, dass es in diesem Rahmen nicht gut genug bearbeitet werden kann. Ich würde mich aber sehr gerne mit dir alleine darüber unterhalten – nach der Stunde / morgen in der x. Stunde ...“ Möglich ist es auch, das Thema „umzulenken“, es auf eine allgemeinere Ebene zu heben oder an einen bestimmten Aspekt des Themas anzuknüpfen.

3. Von Schüler*innenseite wird ein Thema eingebracht, zu dem die Lehrkraft viel zu wenig Vorwissen hat.

Hier auf stark und allwissend zu machen, ist nicht ratsam und auch nicht nötig.

Möglichkeit 1

„Dieses Thema ist klasse. Ich würde es aber gerne auf nächste Woche verschieben. Ich gebe ehrlich zu, dass ich selbst ein bisschen mehr darüber wissen sollte.“

Möglichkeit 2

„Dieses Thema ist klasse. Ich würde es aber gerne auf nächste Woche verschieben. Es gibt dazu etwas im Internet, das wir alle gesehen haben sollten.“

Im Internet gibt es bestimmt etwas dazu und die Lehrkraft kann den Schüler*innen am nächsten Tag den Link nachreichen.

Möglichkeit 3

„Dieses Thema ist klasse. Hierzu sollten wir uns aber alle schlau machen. Das ist ein sehr guter Anlass, zu recherchieren. Bis zur nächsten Stunde sucht ihr bitte im Internet oder in Büchern nach entsprechenden Informationen und/oder fragt Personen in eurem Umfeld, was sie darüber wissen."

4. Es entwickelt sich ein Streit.

Es kommt immer wieder vor, dass sich Lager verhärten und Schüler*innen zu erbitterten Streithähnen werden. Dann noch das Denken zu üben, ist schwer.

Möglichkeit 1

Die Lehrkraft verschafft sich Gehör und weist ausdrücklich darauf hin, dass es unterschiedliche Meinungen immer geben wird und geben darf. Wenn der Streit in unkonstruktiver Weise weitergeht, bricht die Lehrkraft ab, bemüht sich aber nach Kräften um ein versöhnliches Stundenende.

Möglichkeit 2

Wenn die Aussicht auf ein friedliches Ende gleich null ist, kann die Lehrkraft auch ohne Begründung STOPP! sagen und die Situation ergebnislos auflösen – vielleicht mit einem Satz wie diesem: „Ich sehe, euch ist das Thema sehr wichtig, aber im Moment möchte ich das Ganze beschließen. Ich sehe keine Chance mehr auf das, was man ein Gespräch nennt. Nächste Woche werden wir das Thema noch mal aufgreifen." Eine Nachdenkgeschichte mit friedenstiftender Intention kann zum Abschluss der Stunde vorgelesen werden.

Möglichkeit 3

Die Lehrkraft stoppt den Streit und bittet die Schüler*innen, ihre eigene Meinung aufzuschreiben. So hat jede/r das Gefühl, „gehört" zu werden, vor allem auch die stilleren Schüler*innen, die ja beim „großen Palaver" selten zu Wort kommen. Die Schüler*innen können selbst entscheiden, ob sie der Lehrkraft ihre schriftliche Meinung – anonym oder mit Namensnennung – zum Lesen aushändigen. Die meisten werden es wohl tun. Die Lehrkraft wiederum kann bis zur nächsten Stunde in Ruhe lesen und sich entsprechend vorbereiten, um das Thema noch einmal anders anzupacken.

Möglichkeit 4

Die Lehrkraft kann nach der Stunde – egal, welche der genannten Möglichkeiten sie gewählt hat – eine fächerübergreifende Zusammenarbeit mit Kolleg*innen anregen. Dies kann sich z. B. auf die Fächer Deutsch, Geschichte, Sozialkunde oder Erdkunde beziehen.

Möglichkeit 5

Je nach Lerngruppe kann auch ein geordnetes Debattieren zum Streitthema für die nächste Stunde geplant werden. Dazu müssen sich alle gut informieren und vorbereiten. Am besten funktioniert dies, wenn die Rollen erst danach verteilt werden.

5. Üble Stammtischparolen oder radikale Positionen werden zum Besten gegeben

Manchmal gleitet das Gespräch auch ab, ohne dass es zu einem Streit kommt – einfach deshalb, weil einzelne Schüler*innen sehr selbstbewusst Stammtischparolen dreschen oder gar voller Überzeugung radikale Positionen kundtun. Die Lehrkraft kann nun fragen, woher die Schüler*innen ihr Wissen haben.

Vermutlich geben sie wieder, was Papa, Mama, Geschwister, Verwandte und Bekannte lauthals verkünden. Dies schafft ein großes Problem: Die Lehrkraft darf auf keinen Fall die Bezugspersonen der Schüler*innen lächerlich machen, verunglimpfen oder zulassen, dass andere dies tun. Dies würde die Schüler*innen noch mehr in die besagte Richtung drängen.

Es kann aber auch sein, dass sie durch entsprechende Internetseiten und YouTube-Kanäle zu ihrer Überzeugung gekommen sind. Auch hier hilft es nichts, diese lächerlich zu machen. Auch die Schüler*innen würden sich so lächerlich gemacht fühlen, und dies ist keine Basis für konstruktive Denkvorgänge.

Möglichkeit 1

Immer wieder bringt es etwas in Bewegung, wenn die Schüler*innen zum Perspektivenwechsel angeregt werden, z. B. so:

„Stell dir vor, es ginge hier um deine Familie, die auf der Flucht ist oder die Heimat verlässt, weil sie dort keine Aussicht auf ein gutes Leben hat!"

„Stell dir vor, eines deiner Familienmitglieder sei gefährdet, sich mit Corona anzustecken, weil es alt, krank oder anfällig ist."

Möglichkeit 2

Wenn die Lehrkraft im Thema firm ist, kann sie natürlich auch selbst Fakten liefern. Aber es ist ebenfalls möglich, die Schüler*innen zu beauftragen: „Sucht bis zum nächsten Mal mindestens zwei Argumente für die eine wie die andere Meinung!"

6. Ein*e Schüler*in bringt ein persönliches Thema ein und findet kein Ende mehr.

Es kann sein, dass eine ein*e Schüler*in so „voll" von einem Thema ist, dass er/sie es unbedingt vorstellen möchte. Was zunächst gut klingt, kann aber zu einer unendlichen Geschichte werden, wenn der/die Schüler*in persönlich stark betroffen ist.

Möglichkeit 1

Hier ist es schwierig, den Redefluss zu stoppen, ohne kränkend zu sein. Was die Lehrkraft machen kann, ist, immer wieder kurz unterbrechen und auf den Sinn der Stunde hinweisen: „Wie können wir bei deiner Geschichte das kritische Denken üben?" So sehen auch die Mitschüler*innen, dass es hier nicht um eine reine Erzählstunde geht.

Möglichkeit 2

In jedem Fall kann die Lehrkraft der Schülerin / dem Schüler anbieten, das Thema noch einmal unter vier Augen aufzugreifen. So ist klar, dass das Anliegen ernst genommen wird.

Tipps zum Weiterlesen

Brenifier, Oscar (2011): Zusammenleben – Was ist das? Köln: Boje.

Bundeszentrale für politische Bildung (Hrsg.) (2015): Gesellschaft für Einsteiger, das Kartenspiel. Bonn: bpb.

Erlinger, Rainer (2004): Lügen haben rote Ohren. Berlin: List.

Horaczek, Nina / Wiese, Sebastian (2015): Gegen Vorurteile. Wien: Czernin.

Hufer, Klaus-Peter (2008): Argumente am Stammtisch. Schwalbach/Ts.: Wochenschau Verlag.

Katapult (Hrsg.) (2019): 100 Karten, die deine Sicht auf die Welt verändern. Hamburg: Hoffmann und Campe. https://katapult-magazin.de/index.php?id=2&mobil3=0

Labbé, Brigitte / Puech, Michael (2003): Denk dir die Welt – Philosophie für Kinder. Bindlach: Loewe.

Rieger, Gisela (2014–2016): Sinn-volle Geschichten 1 bis 3. Augsburg: ZIEL – Zentrum für interdisziplinäres erfahrungsorientiertes Lernen GmbH.

Stock, Gregory (1991): Das Fragenbuch für Kids. Ravensburg: Ravensburger Buchverlag.

Ein besonderer Tipp

Mollison, James (2010): Where children sleep. London: Thames & Hudson.

Wer diesen teuren Bildband zumindest leihweise in Händen hält, kann damit über Fragen wie „Was ist gerecht?“, „Was ist genug?“, „Was braucht man für ein gutes Leben?“ diskutieren und dabei wieder einmal spürbar werden lassen, wie relativ alles auf dieser Welt ist.

Lesetipp für Jugendliche

Theisen, Manfred (2020): Uncover – Die Trollfabrik: Ein Thriller über Fake News, Trolls und populistische Propaganda. Bindlach: Loewe.

Unterstützung durch externe Partner

Immer wieder gibt es Menschen oder Institutionen, die „Philosophieren mit Kindern/Jugendlichen“ anbieten und dazu auch in die Schulen kommen. Wer z. B. „mit Kindern philosophieren“ und „filosofa“ in die Suchmaschine eingibt, stößt auf ein interessantes Angebot.